高能文案
变现课

职场水教授◎著

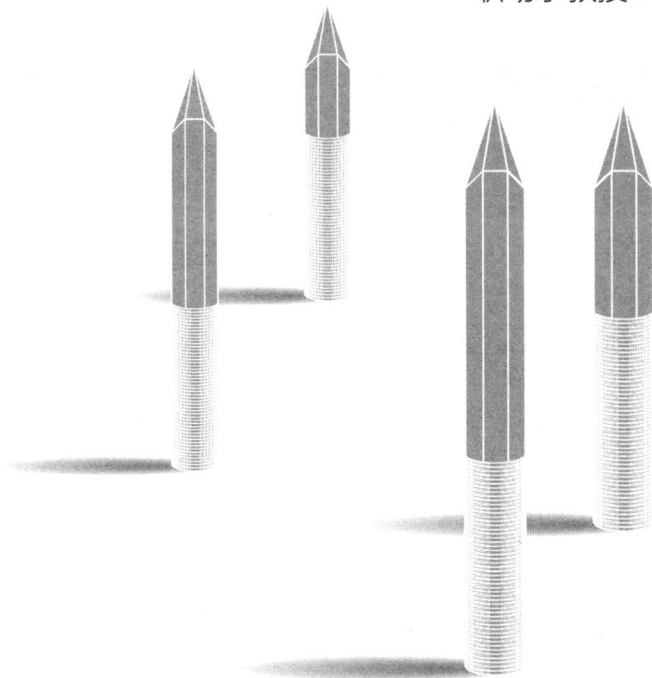

民主与建设出版社
·北京·

©民主与建设出版社，2021

图书在版编目（CIP）数据

高能文案变现课 / 职场水教授著. — 北京 ： 民主
与建设出版社，2021.7

ISBN 978-7-5139-3625-5

Ⅰ．①高… Ⅱ．①职… Ⅲ．①广告文案－写作
Ⅳ.①F713.812

中国版本图书馆CIP数据核字(2021)第135827号

高能文案变现课
GAONENG WENAN BIANXIAN KE

著　　者	职场水教授	
责任编辑	李保华	
封面设计	久品轩	
出版发行	民主与建设出版社有限责任公司	
电　　话	（010）59417747　59419778	
社　　址	北京市海淀区西三环中路10号望海楼E座7层	
邮　　编	100142	
印　　刷	三河市金泰源印务有限公司	
版　　次	2021年12月第1版	
印　　次	2021年12月第1次印刷	
开　　本	710毫米×1000毫米　1/16	
印　　张	16	
字　　数	165千字	
书　　号	ISBN 978-7-5139-3625-5	
定　　价	49.80元	

注：如有印、装质量问题，请与出版社联系。

前 言

我工资 17000，
辞职 5 个月后翻 3 倍：
你想赚得更多，
看看这 3 个秘密

?

我是职场水教授，10 年文案经验，8 年在职员工。两年前，我放弃了月薪 17000 元的固定的文案工作，选择了做一名自由写作者和文案老师。5 个月后，我的月收入竟达到了离职前的 3 倍。

而我之所以能做到如今的地步，不是因为太优秀，而是因为 3 个经验。下面我愿和大家一同分享我的成功经验。

01 从 HR 转型到文案，只因为我敢说这句话

2010 年的夏天，我来到北京找到了自己的第一份工作。直到 2013 年，我都在从事和人事相关的内容。招人、辞人、做工资记录表，接打一些面试者的电话，工资 4500 元，这对于一个不租房的女孩子来说，还算凑合。

但是我知道，这并不是我想要的样子。于是毕业于中文系的我，当时拿

着 QQ 空间里的日志，便勇敢地下决心找一份和写作相关的工作。其实那个时候，我也不知道自己为什么会有那么大的勇气。

大家都知道，2013 年是微信刚刚兴起的时候，也就是在那个时候，公众号也随之火爆了起来。

我凭借着中文系的功底，接到了自己第一个文案工作面试的电话。我稀里糊涂地参加了面试。我清楚地记得面试官问的第一句话：

做了 3 年 HR，你觉得自己有什么能力去做一名文案工作者呢？

"我是中文系毕业，再不济也有一定的写作功底。我的工资要求不高，只希望得到一个机会。希望您给我半个月的时间，如果不行，半月工资我也可以不要。"

也许就是凭借这股冲劲儿，面试官居然留下了我。

而到今天，当我再次回想自己从事文案工作的种种经历时，我发现，其实很多时候，我都是利用了自己的这个公式，那就是先勇敢拿下来，再去想怎么完善它。

因为勇敢，我跨界得到了自己的第一份文案工作；因为勇敢，我 4 年后又成功开办了自己的写作培训班；同样是因为勇敢，我接到了自己人生中的第一个剧本；得到了今日头条的签约机会，甚至是第一个青云奖……

再说一个故事，网红葵葵大家也许并不知道，我很喜欢看她的小红书。当她说起自己在 25 岁就成功拿下了价值 100 万元剧本的时候，就说到了勇敢这个词。

在她的理念里，成功的偏重在于"成"，只要你敢拿下，你就距离"功"更近了一步。而在这个过程，我们不需要考虑自己会不会被淘汰，我们仅仅需要知道，我们拿下它，能不能做好它。机遇往往是自己争取的，但善于发现机遇，也是我们职场人必备的技能。

接下来我们就来说说第二点：如何给自己积累前期资源。

02 从全职固定工资到自由职业，积攒原始资源很重要。

都说机遇是留给有准备的人，这话不假。

在文案公司做到第二年的时候，我就在网上找到了一家提供文案兼职服务的公司。

很快，我便与这位面试官取得了联系，而这位面试官刚好就是这个企业的老板。因为公司刚刚成立，再加上资金的不足，他希望前期的文案工作从兼职开始。也就是从那个时候，我便开始了自己的第二职业。

在这里我想说两点。

第一点，作为职场人，你要善于挖掘你所在职业的宽度。如果我们在一家公司的固定工资就是那么多，我们该怎么办呢？当然是去寻找第二职业了。

你要找的第二职业，最好能够跟你的职业技能相关。比如程序员，可以兼职为其他公司开发小程序，会计可以代理记账，设计可以兼职做图等。

需要说明的是，所有的兼职工作，建议你都在业余时间或者晚上完成。我不是建议大家在上班的时候开小差。因为兼职耽误了工作，或者被老板发现，那将得不偿失。

第二点，你要善于积累人脉。做兼职文案时，我认识了兼职企业的老板。因为我的文案做得好，老板又给我介绍了另一个老板。于是，我的兼职一下子就多了起来。

这也是我敢于辞职的原因。因为找我做兼职的人越来越多，我的业务线也越来越广，所以最后我选择了离职。

其实所有的成功，仅仅是因为我敢做别人不敢做的事，而敢做的前提，当然是要做好第三点，那就是充足的准备。

03 接到自己第一个 10 万＋的项目，全是因为准备充足

在做兼职写作的过程中，我认识了越来越多的公司。除了会打交道之外，我认为必不可少的一点是：因为我的勇敢，我接了很多以前从未尝试过的稿件，淘宝文案、拆书稿、视频课程、故事小说、新媒体写作等，这一系列的写作内容我都涉猎过。

也正是因为我的不断尝试，我才有机会接到自己的第一个酬劳 10 万元的剧本项目。对方让我写一个一集 10 分钟的视频课程，一共 50 集。

当然，在写作的过程中我也遇到过很多困难。为了解决这些难题，我翻阅了很多的相关资料，同时也受到合作方老师的鼓励和指导，最终我成功地完成了这个项目。

回想起整个过程，虽然我历经过 6 次改稿的挫折，但我觉得，这一切都是值得的。每当我再次想起那时的情景时，都很欣慰地告诉自己：谢谢那个曾经很努力的自己。如果不是因为坚持和充足的准备，怕是自己也不会走到今天。

如今，我组建了与今日头条签约的 MCN 团队，并且多次斩获青云奖，同时，也获得了太多的微头条 100 万＋、1000 万＋，今日头条的月均收入始终保持在 5000 元左右。

虽然这些事不屑一提，但我觉得，那些看到这篇文章且还没有获得今日头条原创、加 V 甚至没有实现写作变现的朋友，很需要这么一剂良药。

因为我就是一个活生生的例子，一个不算聪明，却勤奋、靠文字变现的写作者。

我相信，如果大家按照本书介绍的写作方法加以训练，并且找到适合自己的写作方式，那么你也一定可以，实现写作变现，通过写作获得收益！

目 录

第三篇　文案写作变现

第一篇　文案基础写作

　　本篇是写作变现的基础篇，手把手告诉大家如何从零基础小白一步一步走上写作之路。在这一篇，我们主要解决基础写作问题，并且搞清楚文案与写作的区别。通过标题、开头、结尾的专业训练，让大家了解写作的基本技巧。同时，告诉大家如何收集素材、自我修改与提升、如何投稿，并且如何为写作多种类文案变现做准备。

第1课　文案与其他写作有什么不同

1.1 文案到底是什么

大家都听说过文案这个词，也有不少朋友正在从事有关文案的工作。那么文案到底是什么呢？真要回答这个问题，好像很多人并不十分清楚。让我们一起来看一下百度上给出的解释：

文案，原指放书的桌子，后来指在桌子上写字的人。现在指的是公司或企业中从事文字工作的职业者，简单说就是以文字来表现已经制定的创意策略。

是不是有些看不懂呢？

换一种通俗的方式来解释，就是：**所谓文案，就是我们在工作、生活中所用到的、需要用语言表现出来的所有文字。**例如学生时期的作文，政府发布的红头文件，甚至我们发出的每一个通知，可以说它们都是一种文案。

因此可以说，文案有千千万万的表现形式。但从现在它所承担的角色划分来说，它跟写作有着异曲同工之妙，从某些角度来讲，文案基本已经代指了一切写作概念。

1.2 文案与写作的区别在哪里

说到这里，可能有些朋友便会问：既然文案跟写文章没什么区别，我们是不是只要文笔好就可以写好文案呢？这话其实并非全对。

虽然我们用文案来指代一切写作，但它和写作却有着本质上的区别。**文案，**

是为了实现某些利益而写作的文字；而写作是作者个人思想的体现，它更多的是非功利性行为。

在这里，我将文案和写作的区别具体分为两个方面。

第一，文案带有明显的功利性，它是一种销售工具；而写作带有明显的普世性，它是一种精神向导。

文案的目的是产生购买，因此，当它的目的达到之后，它就完成了它的使命，这时候它的价值才得以体现出来。而写作是一种精神导向，作者更希望自己讲出的道理能够被世人认同，并起到某些作用。因此，写作所起到的作用更多的是一种精神向导。

第二，文案的目的是满足用户需求；而写作的目的是让用户认同作者的观点。

既然文案是为销售而生的，那么它的目的就是迎合大众。它需要让客户开心或者难过，从而产生购买。而写作则是相反的思路，它是作者观点的输出，是作者对世界或者某个事物的看法，因此它更需要观众跟着自己的思路走，接受自己的观点并内化的过程。

所以说，文案就是商业化的写作。只要有商业存在，那么文案就存在，文案通过成交来体现自己的价值。所以说文案可以变现，而且是非常棒的变现方式。

1.3 文案的具体分类

到此，依然有朋友存在很多疑问：说了这么多，我还是不知道文案具体包括哪些。别着急，让我们一起来看看下面这张图：

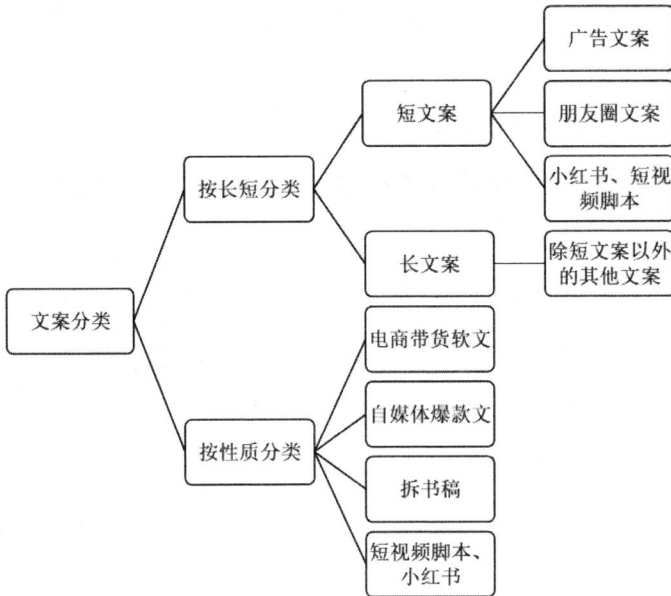

图 1.1　文案的分类

在此，我将文案分为两大类。

第一，按照长短分，文案可以分为：长文案和短文案。

所谓短文案，顾名思义就是文字不多，基本控制在 1000 字以内的文案。**这里包括广告文案、朋友圈文案以及短视频文案。**

我们先来说广告文案。顾名思义，就是一句话广告。比如地产商万科的售楼文案：最温馨的灯光，一定在你回家的路上。再名贵的树，也不及你记忆中的那一棵。

它们往往通过最简短的话，便向我们描绘出一个美好的景象或痛点，进而促使我们下单。

短文案的好处是显而易见的，因为它不用花费很多时间去读长段的文字，这就大大节约了客户的时间成本。利用最短的文字产生最大的效益，大家都比较喜欢用短文案。

短文案的业界大咖要属杜蕾斯，它可谓是广告界里的大牛，每一次都能将热点和自己的产品相结合，创作出时髦、流行且新颖的文案，对于学习文案写作的人们而言很有借鉴意义。

长文案，一般是指字数在 1000 字以上的文案。换句话说，除了称为短文案之外的其他文案，统统可以称为长文案。它一般是以文章的形式出现，而文章肯定有一些固定的文章格式和模板。所以，长文案往往拥有另一种套路和模型。

长文案的特点是可以层层深入，用理性和逻辑去讲述一个很深刻的道理。它可以让读者大彻大悟，更深刻地理解某些道理，同时可以学到更多干货。

所以，无论是短文案还是长文案，都有它们各自的特点和优势，也都拥有存在的必要。

第二，按性质分，文案可以分为 4 类：带货软文、自媒体爆款文、拆书稿以及短视频脚本、小红书。

先说带货软文。顾名思义，所谓带货软文主要指的是文字拥有卖货的能力，促使我们下单购买进而产生消费。

这类文案有很多。比如，淘宝和京东等电商平台，就需要典型的带货软文。我们可以在淘宝首页的"有好货"频道找到这些种草文案。

再来说第二类，自媒体平台文案。其实自媒体平台包括很多，像我们熟悉的公众号、头条号、百家号、大鱼号、网易号、知乎、微博等，都是集资讯、热点、新闻、知识于一体的信息平台，因此，它们对内容的需求是比较旺盛的。

虽然这些平台对内容的要求略有不同，但是大体的套路基本相似。

再来看第三类，拆书稿。

为什么单独把拆书稿拿出来呢？因为按照文案的长短分，它属于文章型的文案。而之所以称它为文案，原因是它同样是拥有变现能力的。

什么是拆书稿？在这里我们先做一个简单的了解。所谓拆书稿，就是写作者通过阅读一本书，对这本书进行二次加工的过程。它可以帮助没有时间看书的人，快速阅读一本书，因此它可以让没有时间却又想看书的朋友们产生付费购买行为，因此，它是目前市面上比较火的一种变现方式。

最后我们来看第四类，短视频文案。

这一类文案基本以视频为主。短视频如今非常火爆，而短视频的出现离不开文案的撰写和编排。一个短视频里的对白、旁白、场景描述等，都需要文案人的奇思妙想，因此，短视频文案也是比较流行且很容易变现的一种文案。

其实文案的分类多种多样，市面上的叫法也各不相同。但不管怎么划分，只要我们了解了文案的几个大类，我们就了解了所有文案写作的技巧和方法。

在接下来的章节，我们要讲到上面提到的 4 种文案形式。它们分别是：**带货软文、自媒体爆款文、拆书稿以及短视频脚本和小红书。**

只要你熟悉了这几类文案的写作技巧，就可以成功掌握实践中 80% 的文案写作套路，也可以让你掌握绝大部分文案的变现方式，从而通过文字实现致富的小目标。

【本节作业】

　　文案是什么？具体分类有哪几种？

第 2 课　刚入文案坑不知如何下手？你最应该解除的 5 大写作疑虑

2020 年的春节，我们最怕听到的两个词就是新冠和隔离，但它就是这么猝不及防地来了。同样，也正因为这个特殊的春节，无数身在职场的职场人失业了。

可怕吧？在 1 月 23 日之前，谁能料想到国家能出现这么长时间的经济停滞？但就是这么一场天灾，让我们不得不去反思：即便我们不是企业，也不是政府，我们个人也要为自己的明天做一个前瞻性的规划。

我很庆幸自己是一位写作者，一位自媒体人。因为在全国大面积降薪、中小企业倒闭的情况下，整个 2 月份我却拿到了 6 位数的收入。它足足可以支撑我度过这场灾难。

读到这里，有人开始问了：

"我也想写，但是我不知道该如何下手？""道理谁都懂，就是不知道该怎么做啊！"

"零基础也可以学写作吗？"

我只想说，写作不需要多高深的理论。只要你会说话，有基本的逻辑组织能力，再加上一些前期的准备，你就可以从零基础开始，通过自己的努力，成为一名优秀的写作者。那么我们应该怎么做呢？

2.1 去哪里寻找信心

对于还没开始的零基础写作者来说，**树立信心、建立对写作的认同感**是最为重要的。

怎么操作呢？

这就需要培养自己的语感，以此来建立自己对写作的信心。比如说，在写作之前，我们可以先从阅读开始。读什么呢？如果无法立刻读完一本书，我们也可以从一段文字或者一篇文章开始阅读。

这些素材从哪里找呢？其实有很多方法供我们选择。**首先是阅读平台或者资讯类 App。**比如新浪、腾讯这些资讯类平台或者手机 App，里面有文章、有新闻，同样也有故事。再比如一些文学网站如百度文库、起点中文网，里面有文章也有故事和小说。还有报纸和杂志等。从这些地方，我们可以获取不同种类的信息。在阅读的时候，我们不需要过度地去筛选内容。只要我们坚持每天阅读半小时，那么长期下来，就可以形成我们固定的语感。

其次是听广播。这也是训练自己语感的好方式。因为很多朋友不愿意甚至是没时间去看文字，因此试着选择用听的方式，先把自己带入到那个情境之中。

熟读唐诗三百首，不会作诗也会吟。渐渐地，在阅读和收听优秀文章的过程中，我们就能找到自己写文章的感觉。同时，你也找到了写文章的信心。

2.2 从哪里开始读书

要想做一个优秀的写作者，肚子里是需要有一定的内容和素材的，所以读书就显得格外重要。

怎样去读一本书呢？在这里，**我们分为 3 个步骤。**

第一步，**读目录。**通过读目录可以筛选你阅读的重点。比如和写作内容不相关的，我们就可以不读。

第二步，**读前言。**前言是作者对书的前情提要。读前言有助于我们对书籍内容的整体把握和了解。

第三步，**读筛选出来的重点。**经过前两个步骤，我们已经选出了书籍的重点章节和重要理论，接下来我们只要将这些内容仔细阅读就可以了。

记住，读书同样是为写文章做准备，所以在这个过程中，我们一定要选取重点来读。读完之后，再将我们理解的图书的观点和思想，用自己的话表达出来。这个过程叫作再输出，对我们写作水平的提升有很大的帮助。

在这里，给大家介绍几个常用的读书 App。这些 App 可以让大家省去买书的时间和金钱成本，从而使得我们可以更加高效地进行阅读。

（1）得到

得到 App，由公众号头部流量团队罗辑思维出品，里面不仅有听书、读书项目，还有各种大咖的付费课程。

（2）樊登读书

樊登读书是一个发展非常成熟的 App，主要提供听书服务。它的征稿启事发布在公众号里，我们可以通过公众号菜单栏来获取投稿方式。另外，樊登读书也有定期的线下活动，这些活动是由樊登读书在全国的各个分会组织的。我们可以参加一些相关活动。同时，这也是一个拓展渠道、寻找资源的好机会。

（3）微信读书

微信读书是基于微信的读书小程序。在公众号里，你可以搜索到微信读书这个应用，并且在里面可以添加自己喜欢的书单，然后可以根据目录提示有选择地进行阅读。

（4）有书

有书和得到、樊登读书相似，除了可以供大家读书，同时还会做一些付费课程，大家可以在里面进行付费学习。

（5）当当云阅读

它是一款专为读书人设计的手机应用，目的是让更多人重新找到读书的乐趣。

除了这 5 大读书类软件之外，还有很多可供选择的读书平台或者 App，大家可以根据自己的习惯进行选择。

2.3 去哪里练习写作

在信息爆炸的时代，有很多平台可供大家进行创作，比如今日头条、朋友圈、备忘录，你甚至可以在稿纸上书写。

首先是要培养自己写作的能力。比如，我们可以从读今日头条、百度等这些媒体平台上的资讯开始，每天寻找一个自己感兴趣的话题记录下来。

其次是修改信息并进行扩容。拿到这条信息之后，我们可以将其写成一段评论，记录在朋友圈、今日头条或者备忘录上面。先从短小的 100 字开始，通过内容扩充的方式，进而变成 500 字以至 1000 字的文章。

长此以往，你就真的可以写一篇又一篇的长文了。

2.4 怎么投稿

能变现才是我们写作的目的，怎么投稿呢？在这里给大家支 4 着：

第一类就是公众号。在微信里点击上方的搜索栏，输入"征稿"二字，我们就可以看到很多推荐出来。

如果你喜欢写情感类文章，可以在搜索栏里搜索"情感"二字；如果你喜欢写职场类文章，就在搜索栏里搜索"职场"二字。

稿费基本是按照等级来定，**新账号或者小账号一般是每篇 50~100 元；比较大的公众号可以达到每篇 500~800 元。**

第二类就是一些自媒体平台，包括今日头条、大鱼、腾讯、百家号等。

关注这些平台，它们都会定期组织培训，招募新的写作者。只要你足够优秀，那么写作变现就是一件很简单的事情。

一般运营自媒体主要是靠坚持和持续的关注。只要你能坚持输出优秀文章，就会得到平台的奖励和扶持，月入万元不是梦。

第三类就是一些拆书稿平台。

前几年拆书比较火爆，好多知识付费平台都争先恐后地邀请写手加盟，稿费可以达到一篇 2000~6000 元。

现在随着知识付费平台的热度削减，稿费自然也是降低了许多。只要你爱读书又能写，拆书同样是倒逼你学习的好方法。

在这里，**推荐大家一个征稿 App "懂行"**，爱读书的小伙伴，可以试着投稿了。其次还有"今今乐道""慈怀读书"这些平台，大家都可以通过微信找到它们。

第四类就是一些文案兼职类投稿。

推荐大家使用 Boss 直聘或者智联招聘，在上面搜索文案兼职，就会出来很多公司的招聘广告。

总之，只要你足够优秀，那么通过文字变现致富将不是梦。

2.5 怎样完成写作变现实现财富自由

其实完成投稿步骤后，就是等待稿件被录用的通知了。如果你的稿件被录用，那么恭喜你，你已经实现写作变现了。

写作从来不是最简单的一种致富方式，但它是低成本、高回报的致富方式之一。

最后，期待你能同我一样，**实现写作变现，从而开拓自己的第二职业。**

【本节作业】

在文案写作路上，你还拥有哪些疑虑？

第3课　没时间写作？可能是以下几个问题在作怪

　　我经常在群里向小伙伴们约稿。一般情况下，约稿要求发布不到 10 分钟，就会收到十几个写作者的回应。

　　这个不难理解。**稿子价格合适，写手又有时间，加之写作是写手们热爱的事情，谁会拒绝呢？**

　　但是，每到交稿时间来临的时候，简直就成了我的世界末日。

　　这就好比，我放出去很多高利贷，借款人当时感恩戴德地说感谢我把钱借给他，并且承诺一定按时奉还，但是最终我能收回来的稿子数量连一半都没达到。

　　很多伙伴给我的借口是：

　　我当时确实有时间，没承想第二天就开始加班了。

　　我是两个娃的妈妈，时间真的是不够用。

　　我想了很久还是没思路，所以我就放弃了……

　　真的像大家所说的，因为我们各自都有各自的生活和人生，所以没时间写作吗？

　　错。人生大事无非几件，赚钱自然是其中的一件。如果你想成为写作者，却说自己没时间，那真的就只是借口罢了。

　　明确地说，我也是兼职写作。但我觉得写作的时间本身就是夹缝里挤出来的，如果你到目前还没挤出来，往下看看你就全知道了。

3.1 3 种不当的能力消耗，正在摧毁我们的生活

　　我总结了 3 种导致能量被消耗的因素。

首先第一个因素是，糟糕的时间管理。对于我们大部分人来说，在工作中感到疲惫都是因为不会管理时间，从而导致时间不够用。

　　我身边有位同事就是这样。他经常有好几个任务堆在手上。他因为分不清任务的轻重缓急，于是常常把自己搞得手忙脚乱、心力交瘁。就这样，糟糕的时间管理让他每天忙于应付各种工作。长时间下来，整个人每天看起来都很疲惫，找不到做事的热情和动力。

　　第二个因素是，达不到目标的焦虑。这其实和无法进行正确的时间管理有一定的关系。因为时间管理做不好，会导致工作无法按照预想的那样顺利进行，那么我们就会始终处于一种完不成任务的状态。

　　试想一下，你天天熬夜加班，却还是完不成KPI，这时候会出现什么情绪？那一定是焦虑。这种花费了时间精力却达不到目标的焦虑感，会使我们感到身心都疲惫不堪，自然就难以提起精神再去认真工作了。

　　消耗能量的第三个因素是，不会正确的休息。很多人以为多睡觉就叫作休息，但事实上，即使你无所事事，大脑同样也会感到疲劳，因为疲劳感本身就是一种大脑现象。

　　也就是说，如果你的大脑没有真正得到休息，那么它就会把"我好累啊"这样的信号传达给身体，让身体出现疲惫感。而我们很多人，总是想着做完事情再休息，或者带着对未完成的工作担忧入睡，这就影响了大脑的睡眠质量，所以才会出现一觉醒来浑身乏力的现象。

　　以上三个因素我们也可以总结成一点，那就是能量透支，这也是我们感到精力被消耗的最终原因。

　　试想一下，你将本来有限的精力消耗在不必要的事情上了，那么自然而然地就没有更多的时间去处理更重要的事情了。

3.2 内驱力：找不到变现方式，热情消失

说了这么多，如果你觉得这些都不是你坚持不下来的主要原因的话，那一定就是这一条了——内驱力不足，**找不到变现的方式**。

没错，这是让很多有一定基础经验的写作者最头疼的问题了。

写作是为了证明给别人看，不管是口头赞美还是物质奖励，我们都希望得到一种肯定，这样才是有价值的输出。

所以说到这里，我又要说到前面讲的内容了。**在上一节，我详细列举了4类可以变现的方式和渠道。如果你有留心看，这个内驱动力的问题就可以解决了。**

3.3 4个步骤解决时间不够用难题

既然找到了时间不够的原因，接下来，我们就来看看从哪些方面入手，解决没时间这个千古难题。

第一，我们要尽可能地减少能量的浪费。

我们每天都要工作、学习、生活，身体的能量也在不断地被消耗。但是，不是所有的能量消耗都是有价值的，我们需要识别出那些无意义的消耗，并尽可能地减少由此造成的能量浪费。

比如，你今天本来精力满满地来上班，走在路上时却摔了一跤。然后接下来的一整天里，你都在因为这次出丑而生气，纠结于这种"丢人"的坏情绪中，没有心思去做任何事。这种因为无关紧要的小事而导致精力被分散的情况，其实就是一种对能量的无意义消耗。

因此，我们要学会控制自己的负面情绪，保持情绪平稳，少花心思纠结一些不必要的问题。只有这样才能降低能量的损耗。

第二，我们要想办法提高能量的输入。

能量的输入其实就是我们给自己的体力、脑力"加油"的过程，根本原则就是要让我们的身体得到放松和恢复。

我们先说如何做到身体上的放松。心理学家雅各布森提出了一套"渐进性肌肉放松法"，可以通过 15 分钟的时间来帮助人放松。具体做法是：找一个安静舒适的地方，闭上眼睛，对特定肌肉群先进行紧绷，同时吸气，持续 5 秒后再呼气，然后松开肌肉。从脖子、肩膀、大臂、腹部、背部再到臀部、大腿、小腿等各个部分，对每个部位都重复这样的循环练习，就能使肌肉得到放松，进而让疲惫的身体得到恢复。

另外，脑力的放松则需要我们做一些能让自己获得愉悦感的事情。比如有的人喜欢听音乐，在工作感到累的时候，抽时间听几分钟音乐会觉得特别舒服；也有的人喜欢阅读，累了看一些自己喜欢的书，就会觉得得到了放松。我甚至还见过有沉迷于数学的人，只要做几道数学题，立刻就精神满满，神清气爽。

第三，一段时间内叠加完成任务，让时间产生复刻力。

什么是时间复刻力呢？打个比方，就是同一时间里，我们能多干一件事就比少干一件事情强。我们拿干家务举例：**如果我们在烧水，我们就可以同时做拖地等家务**。如果我们可以这样来统筹安排时间的话，我们的效率就会获得明显提高。

如果你说这和写作没关系，那我们再举一些写作的例子。头条上面有一个写作内容叫作**微头条**。它是一种类似朋友圈一样的短文，一般都在 200~500 字。有些宝妈很忙，根本没有整段的时间去进行创作，那么就可以写微头条。只需要腾出 3 分钟，你就可以创作一条精彩的微头条。因此，不管你是在喂宝宝吃饭，还是在煮饭，你都可以每时每刻地进行写作。

这就是时间的碎片化管理，它可以让你在相同的时间里做更多的工作。

第四，制订计划，防止半途而废。

对于兼职写作这件事情，唯一不变的真理就是**坚持。坚持最难的就是对抗懒癌，因为很多人都有拖延症。什么是拖延症呢？**大概是说，明明现在就需要做的事情一定要等到截止日期的最后一刻才去做，结果严重耽误了工作的进程。

针对拖延症，我列出几个解决方法供大家参考。

首先，给自己制订魔鬼式的工作计划。就是首先要明确你的计划节点，规定好你是几号之前必须完成这项任务。在这里需要说明的是，**你为自己制定的时间节点一定要早于别人要求你的时间至少2天。**为什么呢？因为这样会给你自己留出非常充裕的时间去检查、修正工作中的不足。同时，这会大大增强你对时间的掌控感。

其次，你要为计划设立奖励和惩罚措施。只是制订了计划，往往很难督促你努力完成任务。如果你完成计划没有奖励，未完成计划也没有惩罚，那**么你就没有足够的动力来执行计划，你的计划也就毫无意义。**举个例子，如果你完成计划，你可以满足自己吃一顿大餐的愿望，或者买一件心爱的衣服作为对自己的奖励，再或者去看一场电影也未尝不可。如果没有完成计划，你就要惩罚一下自己，一天不玩游戏，或者失去一项其他权利等。

但如果你对自己的意志力没有把握，也可以借助他人的力量来督促自己完成计划。比如你可以和室友或者家人一起来完成这次对赌。让他人监督你的工作完成情况，完成有奖励；没完成给对方发红包等。

试试这种奖惩方式，它会给自己增加幸福的原动力。

【本节作业】

写作时，你是如何规划时间从而成为时间达人的？

第4课 好文章都有一个好标题，万能标题锁定第一胜局

如果只学一个写作技能，我建议你，一定要选标题。

一个好标题，能给一篇姿色平平的文章带来高流量和高关注度。这无形中就给我们的文章增加了许多被打开的机会。因此，在这个流量为王的时代，写出一个具有吸引力的标题显得尤其重要。

那么好标题具体有哪些作用呢？下面，就让我们一起来看一下。

4.1 一个好标题，让你的文章阅读量增加数倍

俗话说，得标题者得天下。人们都喜欢衣着光鲜、外表漂亮的帅哥美女，同样，一篇拥有漂亮标题的文章，它的阅读量和带来的收益都会翻数倍。

我们先来看看下面两篇文章的对比：

第一篇文章《自由职业只是时间自由，不是地点自由》，这是一篇只有390次阅读的文章，收益估计也就只有几分钱，基本可以忽略不计。

我们再来看看第二篇文章《住酒店3天，我收到上百张"小卡片"，3次与发卡者正面交锋》，76.9万次阅读，估计有上千元的收益。

可见，一个标题优秀的文章，直接可以让一篇文章的收益率翻1000倍！

但如果我们跳过标题，反观这两篇文章的内容就会发现，其实第一篇文章比第二篇干货更多，内容也更精致，可是，为何第一篇的阅读量却这么低呢？

很大原因是标题崩了。第一篇文章的标题一开始就展示了文章的所有内容，因此，文章对于读者而言没有了神秘感，自然也就没有什么阅读量了。

而第二篇文章，只看标题就非常吸引人："小卡片"、3天，3次，正面交锋……数字＋悬念，让人一看就想点击进去一探究竟，阅读量自然也就很高了。

因此，想要提高自己文章的阅读量，首先要从标题下手。

我以前在公司里做文案的时候，内容组就要求我们每次写文章都要取5个标题以上，而且在文章审核的过程中，标题的审核也比内容的审核时间更长。

可见，取好标题是文案工作者的基本功。不会取好标题，你基本上就很难在新媒体环境下生存。

既然标题如此重要，那么我们该如何给一篇文章取一个让人眼前一亮的标题呢？

在此，我为大家总结了标题的3大作用和起标题的6大技巧。首先，我们来谈谈标题的3大作用。

4.2 标题的3大作用

作用1：引发好奇

不知道大家是否听说过一个"3秒钟效应"理论。意思是说，在新媒体环境下，一个标题的存活时间只有3秒。当读者看到标题的3秒内没有打开文章，那这篇文章基本就没有存在的意义了。

而一篇文章想要在3秒钟内抓住读者眼球，最重要的是能够引发读者的好奇心。

那怎样去引发读者的好奇心呢？这里我们又要说三点。

第一点，设置悬念

像这篇文章《领导回"收到谢谢"时需继续回复吗？成熟的人会从职业

化角度考虑》，标题里提了一个疑问：需要继续回复吗?

此时我们就会想，到底需不需要呢? 读者想要了解答案到底是什么，就只能点击进去阅读，所以，这就是引发读者好奇心的魅力。

第二点，隐藏人物

我们再来看一篇文章《一条播放 3000 万，吸粉 18 万视频背后：他欠债 20 万，靠抖音走出泥潭》，这是一篇 61 万次阅读的文章。很明显，标题里就隐藏了人物"他"，他到底是谁? 为什么会这么厉害? 如果读者想要了解具体内容，就只能打开文章。

所以，引发好奇的第二种方式，就是隐藏人物。

第三点，隐藏利益点

我们再看第三篇文章《想和上级搞好关系，不用"跪舔"，无须违背本心，把握 3 点就够了》，49.2 万次阅读。这篇文章的标题就隐藏了利益点：掌握 3 点就可以和上级搞好关系，大家一看，感觉这篇文章太实用了。相信很多读者都会点开文章阅读，文章的阅读量又上了一个等级。

因此，引发好奇是一个非常有效的起标题的技巧。因为大家都喜欢八卦的心理，所以我们可以**通过在标题上面设置悬念、隐藏人物或者隐藏利益点来为自己的标题增加好奇因子。**

作用 2：让你的标题会说话

标题会说话，就是让你的文章产生一种对话感或者说一种情境。这样，就会拉近读者和作者的距离，那么点击量自然也会增加很多。

我们来看下面这篇文章：

《"把女童送进宾馆，一万块钱"》，阅读量 45 万，可谓又是一个爆款。那么，我们先来分析一下这个标题。首先，这个标题带了双引号，好像是有人在问："把女童送进宾馆多少钱?" 而有人回答说"一万块"，很明显，这种对话式的标题就显得特别亲切，大家的阅读感受也很不错。

其实这有点儿借用道听途说的心理，因为我们很多人都爱打听八卦，喜欢"偷听"别人对话。运用这种心理来写标题，就非常有吸引力，感觉两人就在我们面前对话一样，画面感很强。

像下面的两篇爆文都是如此，就好像有人在自己的面前娓娓道来一样生动，引人入胜。《"我活了30年，从没生过气，得癌了。"》有57万阅读，655条评论。《招聘限制年龄上热搜："恕我直言，你30岁了怎么还去招聘会？"》有26万阅读，1181条评论。

作用3：带入情感引发共鸣

我们总是想知道写文章的套路，但是，没有情感的套路文写多了之后，读者会厌恶，平台也会不推荐，导致我们自己也不想再写下去了。因此，你只有把真情实感倾注在文章中，才会越写越好，越来越让读者喜欢。

标题更是如此，所以说能够带入情感的标题，阅读量通常都会比一般的要高许多。

那么，该带入哪些情感呢？在这里给大家总结了11大元素。这11大元素是：

三大情感：爱情，亲情，友情。

六种情绪：愤怒，怀旧，愧疚，幸福，孤独，悲伤。

两个因素：地域，群体。

我们用例子加以说明：

我们来看一下这篇文章《离开体制第三年，我又滚回养老院》，这是一篇阅读量22万的爆款文，我们用爆款元素来分析一下：这里带入了愤怒元素"滚"和群体元素"体制"，两种元素混合，很容易爆。

之前有一篇刷爆全网的爆文《2000万人逃离北上广》，在这个题目里，就带入了群体"2000万人"、地域"北上广"，还有愧疚感"逃离"这3种元素。当然，文章里面还有爱情、亲情、友情，它们融合在一起，造就了这篇爆文。

当然，除了标题吸引人外，内容也要过硬才行，否则，就会被人诟病为"标题党"。

4.3 起标题的 6 大技巧

以上的"引发好奇""让你的标题会说话""带入情感引发共鸣"，是爆款标题的底层逻辑，下面，再给大家介绍起爆款标题的 6 个实用技巧：

1. 傍大款式（蹭热点式标题）

比如《学会这 4 招，追热点像杜蕾斯一样快狠准》。在我们没有出名之前，我们的文章想要被大家认可，首先要用大家熟知的人、事、物来得到读者的信任。当读者看到自己关心的东西时，就会好奇地点开文章，进去一探究竟。

在算法推荐的平台也是如此，最近很火的人、事、物，天然自带流量，如果想要写爆文，必须得学会蹭热点。

知名广告策划人叶茂中说："关于热点，你蹭得到要蹭，蹭不到也要蹭。"

其实，无论是品牌还是文章，都得学会蹭热点。能够蹭到热点的文章，就好像搭载了一辆快车，快速把信息传达到了人们眼前。

不会蹭热点的新媒体作者就好比坐了一辆老爷车，只能回到"从前慢"的状态，不是一位合格的作者。

蹭热点可以分为蹭**知名的人物、知名的权威机构、热点事件、时下热词**。

像这篇文章《一天卖出 8212 万，成本不过 60 元，疯狂的盲盒到底玩得是什么？》，15.4 万阅读爆款。就是蹭了之前很火的热点事件"盲盒一天卖出 8212 万，成本不过 60 元"，这种全网热点，无论是发在公众号或者是头条，都挺容易爆的。

2．时间数字式标题

我看了几百篇爆款文章，发现大多数标题中都包含数字。

像这篇爆款文章《月入 5000 元租房 3000 元，被同事鄙视贪图享受，但她却悄然完成了人生逆袭》，月入 5000 元和租房 3000 元，非常巧妙的数字对比，非常强烈的认知落差，让人一看就想点击进去一探究竟。

数字可以给别人一个非常直观的印象。数字具有辨识度高、形象具体的优势。如果你懂得巧用数字，还能够配合强烈的认知对比，写出爆文的概率就会很高！

3．利益式标题（价值感塑造式标题）

比如，《学会这 3 招，让你立刻年轻十岁》，这是属于收获感很强的一类标题，很多人都比较喜欢看。毕竟看到内容，可以让我们收获很多。所以，这类标题是比较受欢迎的。

我们还可以在标题的开头或者结尾加点儿吸引人的定语，简单点说就是加"前缀"或者是"后缀"。

前缀一般是：**重磅、突发、爆料、颠覆、励志、惊呆**……用以增强语气，加强标题的表达力度；后缀一般是：**定位人群、加强推荐、解释说明、补充亮点、附赠福利**等这几个方面。

像这篇《知乎高赞：这届 90 后真难管，频繁跳槽，估计没啥大出息》，加了前缀"知乎高赞"，让读者一看就觉得是热点，想去看看内容，评论也有 1102 个，可以说是非常火爆的文章。

4．矛盾式标题（冲突式标题）

比如《这个小学毕业的保姆，值月薪 3 万元》，大家想一下，一个保姆月入 3 万元，这是拥有多么大的心理冲击力呢？所以，这样的题目往往更容易让人产生巨大的震撼，从而带来更大的内心暴击。

5.提问式标题

我们都知道，疑问句式一定比平铺直叙更具有戳人心窝的作用。比如，《为什么你的文章没人看？》就很扎心，所以提问式的标题就更容易引发人的点击。

6.附赠利益式的标题

附赠利益式的标题有很多，比如《民法典学习实用指南（内附赠新书20本）》。很多人都有占小便宜的心理，而这样的题目点明了文章能够带给我们的利益，因此会吸引很多人点开文章，并期待能够获得相应的回报，所以点击量也会暴增。

有朋友会问，说了这么多，感觉还是不会起标题呀。毕竟东西太多一下子也掌握不了，而且很多时候，标题也不是只用了其中一个方式和方法，所以很难掌握。有没有更容易一点的套用公式呢？答案是有的。

下面，我就给大家展示一下起标题的一个万用公式。当然，它也是基于上面6种情况进行组合产生的衍生品：**矛盾冲突＋数字＋亲身经历**。

我们来看下例子：

标题1：从工资3000元，到月薪3万元：其实这样赚钱，才能过上想要的生活。

标题2：靠文案兼职月入一万元的我，收获的不仅仅是金钱！

这是两个同样表达写作重要性的标题，第一个标题的阅读量只有102，而第二个标题的阅读量就是2万。为什么呢？

其实作者就运用了写标题的一个小技巧：**矛盾冲突＋数字＋亲身经历**。

这里的矛盾冲突是指：兼职收入，并非全职收入；这里的数字是指月入1万元；亲身经历是指我自己。

第二个标题，3个因素全部具备，阅读量自然而然就很高了。

有很多小伙伴会问：第一款标题也有数字，为什么阅读量不高呢？那是因为第一款标题只具备公式里的1个条件，就是数字。

试想一下，3000元到3万元，虽然很具有吸引力，但如果不是我们自己能实现的，有什么用呢？读者想看的不是故事，而是货真价实的对我们有帮助的东西。

所以在写作标题时，这个公式我们至少需要用到两个条件，才能让自己的标题更加具有吸引力。

我们来看几个套用公式的厉害标题吧！

标题1：月入5000元租房3000元，被同事鄙视贪图享受，但她却悄然完成了人生逆袭。（阅读量23.8万，评论74条）

在这里，月入5000元租房3000元，就很巧妙地运用了**矛盾冲突＋数字**的方式。

标题2：一天卖出8212万，成本不过60元，疯狂的盲盒到底玩的是什么？（阅读15.4万，评论24条）

这里，一天卖出8212万、成本不过60元，也同样是运用了**矛盾冲突＋数字的方式**。

现在大家明白了吗？对于自媒体写作者来说，得标题者得天下。只要你能够遵循**矛盾冲突＋数字＋亲身经历**这个原则，相信大家一样，都可以轻松写出10万＋的好文章。

4.4 起标题的注意事项

虽然起标题有万能公式，但是也有一些雷区需要我们注意并且避开。那么在起标题的时候，我们应该怎样避开那些不必要走的弯路呢，一起来看下。

1. 多用你、我，增加代入感

在新媒体环境下，读者更加关心自己，如果你的文章包含你、我，就更能打动他们，更能引起共鸣。像这篇《普通文员头条写作7个月，月收入过万，我可以，你也能做到》，里面就用了"我"和"你"，一下子拉近了与读者之间的距离。

2．一眼看不懂不用，读者耐心有限

在信息泛滥的时代，读者是没有多少耐心听你长篇大论的。如果你讲的内容云里雾里，你的文章很快就会被刷过去，根本没有点击量，更不可能成为爆款。所以，千万别用一眼看不懂的标题，不良后果只能你自己承受。像这篇文章《怎么确保自己选的路一定对？》阅读量只有240次，读者读完标题，都不知道作者要讲什么内容，会点进去浪费时间吗？基本不会。

所以，别使用这种一眼看不懂的标题，别去考验读者的耐心。

3．前10个都可能是废的，从10个标题中选择一个最好的

有很多作者，花了大半天时间写了一篇文章，但是到了取标题这个环节，却没怎么上心，随便取一个就完事，结果阅读量低下，没有收益！

4．别在题目中透露所有内容

我看了很多阅读量很低的文章，它们的标题都有一个共同的缺点：没有悬念，一看就知道里面要写什么，阅读量自然也不会高到哪里去。

像这篇文章《我解决了这个千古难题——拖延症》，就是一个典型的失败案例。首先，拖延症很多文章都谈过了，为何我要看你的文章；其次，标题都把文章内容都展露无遗了，还有什么必要去看呢？

5．取完标题要记得多次优化

（1）最精彩的放前面；

（2）把陈述句改成疑问句；

（3）删除不痛不痒的词、句；

（4）同一个词语不要出现两次；

（5）用阿拉伯数字替换中文数字。

以上内容，都是需要我们进行优化和注意的地方。标题取好了，我们文章的内容要对得起标题，否则，就会被读者列入"标题党"的行列，掉粉被

骂也在所难免了。

最后总结一句，文章成败很大一部分取决于标题。一个好的标题，为你的文章打开了一扇窗，给文章增加了生存的机会。所以学会起标题，将是成就写作者的基石，让我们一起努力吧。

【本节作业】

利用本章节讲到的 6 大标题技巧的一种，为"写作逆袭"撰写一个好题目。

第5课 "为什么我的文章别人不爱看？"开头结尾套用公式掌握了吗

大家想一下：一篇文章最重要的部分是哪里？如果你是约稿人，你最先去看的是文章的哪个部分？

没错，答案是开头和结尾。

读者在阅读自媒体文章时，开头是第一印象，结尾是最后印象。它们和文章主体内容一起决定了文章的质量。那么，高质量的文章一般会使用什么样的开头和结尾呢？

5.1 如何写好开头

1. 开头的作用

大部分人想到文章开头的作用，都会说"吸引读者"，而实际上，开头的作用不仅仅是吸引读者。在这里我将开头的作用分为3种。

（1）**服务题目**：当题目已经引起读者好奇时，开头需要解释或延续这种好奇。

（2）**吸引读者**：如果开头内容无聊、晦涩，读者很可能选择放弃阅读，所以，开头需要吸引读者。

（3）**帮助理解文章**：在读者阅读文章时，如果背景知识很重要，在开头就要介绍背景知识，以便读者理解文章。

2. 服务题目的开头

这类开头形式与题目密切相关，具体有以下两种形式。

（1）解释题目的原因

当题目是一个问题，或让人捉摸不透时，需要在开头解释题目。例如：

昨天的推送里，让我看完最难过的台词是：如果你在我十八岁的时候认识我就好了，那时我的头发又黑又长，也很漂亮。

你看，这个开头就是对上篇文章的衔接，利用这句话开头，说不定还能增加昨天那篇文章的阅读量呢。

（2）顺着题目往下说

当题目已经足够惹人好奇时，开头接着题目的话头往下说就好了。例如：

宇宙到底有多大？很多人会说，很大，或者说，很大很大。

这就是接着题目《【震撼】宇宙到底有多大》往下说的标题，具有承上启下的作用。

3. 吸引读者的开头

读者的类型千差万别，不同的读者会被不同的开头所吸引，所以，吸引读者的开头，具有以下几种作用。

（1）描绘利益或痛点

告诉读者看了这篇文章会获得什么好处。无利不起早，读者自然会看下去。比如：

别人的文章动辄 10 万＋，而你写的文章为什么没人看？

（2）制造悬念

故意不说透，提起读者兴趣，吸引读者想要读下去。比如：

一直以来都挺喜欢何炅，毕竟他作为主持界的扛把子，口才了得，文采和思辨能力一直被人称道。但，我还是第一次见他上热搜，是被逼着道歉。

——摘自王耳朵先生《何炅人设崩塌被逼着道歉的背后，藏着成年人最深的委屈》

大家都知道何老师很厉害，但他为什么上热搜了呢？同时，他又为何道歉？这个开头就给我们制造了悬念，让我们有兴趣继续读下去。

（3）聊自己的近况

这样的开头，是在讲述正题之前先聊聊自己的近况，让读者感觉"我和TA（作者）过着差不多的生活"，读者更容易和作者感同身受。比如：

趁着假期回家的时间，与朋友小雅约了个饭。饭桌上的她一脸愁容，与往日可一点都不一样，让我误以为她是情感受挫了。

——摘自职场水教授《真正拉开你与世界的距离的，是不够坚持》

（4）聊新闻或者热点

比如这样的开头：

近日，"不和同事吃午饭被领导批"的话题引发了千万网友的讨论。参加工作一年多的女孩小武，最近被公司领导找来谈话。领导称她表现不错，工作完成得很好，但是不太合群，不愿意和同事们一起吃饭，希望她能够尽快改正。

——摘自职场水教授《女孩不和同事吃饭被领导批：扎心，职场人的自由从来不属于自己》

这就是一个典型的蹭热点的开头。这样开头的好处是，根据最近发生的热点创作内容，因为读者都有尝鲜的心理，所以这样的开头是比较有吸引力的。

4. 保证故事完整的开头

完整的故事结构会帮助读者更快速地理解文章含义，为此，开头要发挥重要作用，具体方式就是介绍背景。例：

前段时间砖叔看到了这样一个新闻，两辆东莞牌照车辆擦碰，一辆捷达撞上一辆劳斯莱斯。而事故的责任清晰，事发地为禁停路段，劳斯莱斯司机人还在车里，虽然是违章停车，但无责任。

文章中只说捷达撞了劳斯莱斯，但没有介绍事情经过，这容易让读者理解不清，所以在开头，就介绍了事件背景，方便读者理解。

5.2 如何写好结尾

相比开头，结尾的形式少了一些。由于制约开头的因素比较少，主要来自题目和内容，所以开头形式的发挥空间较大。相比之下，结尾受文章风格、主体内容、写作目的、写作节奏等因素影响，受到的制约较大，所以结尾的变化形式十分有限。结尾主要有两种作用：**加深读者印象**。正文得出结论或态度之后，结尾处再次强调，以便加深读者印象。**引导读者行动**。正文的内容已完结，或正文的目的就是引导读者行动时，要在结尾加引导语，引导读者行动。

1. 加深读者印象的结尾

加深影响是结尾最常见的作用，可以通过以下 4 种形式实现。

（1）总结全文

在通篇论证了观点或表达了感情之后，结尾再总结一次，会加深读者的印象。例：

为你变得有趣，为你变得有生气；为你变得有爱，为你长长久久在一起。没什么原因，就是因为真的喜欢你。

整篇文章就讲了一个故事，目的是表达"在喜欢的人的面前，我才活泼有趣起来"，最后再强调一次"为你变得有趣……就是因为真的喜欢你"，以免读者只记得故事，不记得观点。

（2）呼应题目

在读者阅读文章之前，通常是被题目吸引，结尾再呼应题目的观点，加深读者对观点的印象。

例：来自公众号衷曲无闻的一篇文章结尾是：

你迟早会明白，前途比爱情更重要。想要掌握人生的主动权，只有自己能成全自己。

而它的题目是《你迟早会明白，前途比爱情更重要》。

这就是一个典型的呼应题目的结尾。

（3）深化主题

文章的开头提出观点，结尾再强调一遍。

例：来自公众号精读的一篇题目为《李子柒豪宅曝光，我看到了背后最悲哀的一幕：中国式审美正在被毁掉》，它的开头是这样写的：

我很喜欢看李子柒的视频，是视觉上的舒服，更是精神上的宁静。希望今天的这篇文章，能够唤起你内心深处的感受，只有当我们都能感知美、欣赏美，才能真正创造美。

而结尾是这么写的：

别让自己成为美盲中的一人，愿我们都能去过一种有审美的人生。共勉。

结尾再提一遍观点，加深读者的印象。

2. 引导读者行动的结尾

引导读者行动的结尾具体分为以下 3 种。

（1）引导关注或购买

这种结尾常用于软文，通过找到文章内容与软文对象的共同特点，以此引导读者关注或购买。例：

活动仅 3 天，马上去姿美堂旗舰店撸羊毛！

——摘自姿美堂《4 月会员日——10000 份会员礼物，给我砸！》

这就是一篇带货软文的结尾，引导读者下单购买。

（2）引导评论或点赞

在正文结束之后，加一句话，引导评论，提高粉丝活跃度。例：

如果你也喜欢潘粤明，别忘了点个在看噢，让我们一起为宝藏男孩打

call 吧！

——摘自：Skill 成长课堂《离婚 8 年，"渣男"潘粤明强势翻红："谢谢你的辜负，成全我余生。"》

（3）呼吁行动

在讲述了观点之后，号召读者在实际生活中运用。例：

你在自律路上也要善于寻找突破口，打完一个'boss'，再打下一个，在历经千锤百炼之后才能修成正果。

——摘自：Kris 在路上《30 天变成一个超级自律的人，有啥好处？》

这就是呼吁大家，自律是要行动起来的。

除此之外，我还总结了两类其他形式的结尾：

（1）**为下一篇做准备**

这是系列文章的常用结尾方式，以便吸引读者留意下一篇文章。例：

好了，我要去收拾行李了。越南河粉，我来了！请大家期待咖宝的邮轮体验吧！

几天之后，作者写了另一篇文章，讲述邮轮体验。

（2）**固定结尾**

无论文章内容是什么，结尾的内容及其排版都不变化，目的是通过长期重复，给读者留下独特的印象，增加公众号的可识别度。

需要说明的是，以上只是文章中常见的开头和结尾形式。但在实际写作中，很可能出现的情况是：开头和结尾需要发挥多种作用，所以在开头和结尾处，会混合使用多种形式。

所以，文中讲解的各种形式，需要根据实际需求，灵活使用，才能写出优秀的开头和结尾。

【本节作业】

回顾开头和结尾的功能分别是什么？并运用书里讲到的方法，为"写作增加副业收入"撰写一个开头、一个结尾。

第6课 读了很多书,下笔还是没思路? 是没做好素材收集无疑了

最近在写作群看到一些小伙伴抱怨说,自己写了几篇文章,感觉脑子被掏空了,写不出东西来了。

这种情况并不罕见,是很多写作新手都会遇到的情况。我当初也是如此,刚开始写作的时候,灵感层出不穷。可是当写了几篇文章之后,自己和身边人的故事被讲完,于是灵感开始枯竭,再没有什么新鲜内容可写了。

因为硬去写,也是翻来覆去地炒冷饭,没有一点新意,自己都不喜欢看,更何况是挑剔的读者呢?

但是,为什么有些自媒体大咖,三天两头就能写出一篇爆款文章,同时文章还能够做到例证丰富、旁征博引、故事精彩纷呈,他们是怎么做到的呢?莫非他们有着天才一样的灵感,能够源源不断想出新鲜事情来?

当然不是,那些自媒体高手,都有一个专属的素材库,供他们日常写作参考。

6.1 什么是素材库

说到这儿,就有朋友产生疑问了:什么是素材库呢?

我们先来做个形象的比喻。我们买菜都要提个篮子,因为我们不确定到底会买几种菜,不管是一种还是五种,我们都需要用这个篮子去盛放。这样,我们最后回家的时候,脑子里有数,心里头也不慌。

素材库，顾名思义，它指的是盛放素材的一个库房，通常情况下我们就使用电脑的 Excel 表格来作为素材库的建立场所。换句话说，就是盛放素材的篮子。当我们把一些自认为有用的素材放进这个库里后，等我们需要素材的时候再去调取，就省去了四处搜罗素材的环节，节约了很多时间。毕竟这个素材库中的素材都是经过你精挑细选的，在放进素材库之前，你对它已经进行过初步的筛选了。

6.2 建立素材库的意义

我认识一位现在还活跃在自媒体第一线的老师。她有着三年的写作经验，每天写一篇，3 年就写了上千篇文章。而她就是一个擅长建立素材库的人。

所以，不管她想写什么样的内容，都能迅速调用素材库里面的素材，快速写成一篇文章，尤其是在追热点的时候，至关重要！

试想一下，当你还吭哧吭哧地在网上找素材的时候，她已经写完了；当你开始动笔写的时候，她已经发表了；当你发表的时候，她已经冲到 10 万＋了，你怎么能够追得上呢？这些成果，都离不开她 3 年的素材积累。

再来说说自媒体人咪蒙的故事。作为前千万粉丝大咖的咪蒙，争议一直存在。虽然如此，但是她身上还是有很多值得学习的地方，因为能够做到这么大的影响力，绝不是一个偶然事件，肯定是一个长期积累的结果。

就拿她写的公众号文章来说，她的文章，一个接一个的精彩故事，非常耐人寻味，让人读完直呼过瘾。为什么她的文章故事内容如此丰富呢？

有网友传闻：咪蒙团队有一个庞大的故事库，里面有各种各样鲜活的故事，需要写什么主题，就把里面的故事调出来，而且，故事素材还每天都在增加……

所以，文章的故事内容丰富，绝不是偶然。

她在一篇干货文里有提到她是如何积累素材的。她读研究生时，仅笔记就记了 7 大本。她做了记者之后，记好标题、好提问的小本子就有 30 多本。

在人们眼中，她是一个连看"康熙来了"都会记录好问题的"神经病"。

记录完素材之后，她会定期对素材进行分门别类，而且电脑里有不同的文件夹，图片和文字资料都是分开存放的。看来，她真的是一个素材收集狂魔。

莫扎特说："**我每天花 8 小时练琴，人们却用天才两字埋没我的努力。**"的确，世界上哪有什么天才，有的只是通过正确的方法、不懈的努力成为的高手！而要在任何领域成为高手，都离不开素材的收集。

我们来看看这些写作高手：

钱钟书一生积累下来的读书卡片，接近 10 万张。他的《管锥编》就是通过这种读书摘录、写感想做卡片，编撰成册的方法写成的！

作家李敖做笔记的方法更狂野，同样的书他会买两本。因为他看书需要把对自己有用的内容剪下来，这样一来一本书只能看一遍，所以需要两本书。一本书看完，就被他"五马分尸"了。

还有抖音大神杜子建，为什么他说话、写帖子能够一针见血？很大原因是他读书无数，而且还坚持记笔记。他透露，他记的笔记有一大麻袋，现在还在每天坚持读书、记笔记和整理笔记。

所以，高手绝对不是天生的，而是后天积累的，任何领域想要成为高手，都离不开素材的积累。

但是，种一棵树最好的时机，最好是 10 年前，其次是现在，积累素材也是如此。如果你从现在开始，每天积累 1 个，30 天后就有 30 个了，365 天后就有 365 个了，远远超越那些尚未被启蒙的小伙伴了。

6.3 如何积累素材库

关于素材库的建立，我给大家介绍一下自己的经验。

1. 按照主题来建立分类

为什么要按照主题关键词来分类呢? 因为我们在写文章时, 有时候写情感类的, 有时候写职场类的, 甚至有时候写娱乐类的, 虽然它们在内容分类上有比较大的区别, 但很多素材是可以交叉使用的。

因此, 这个素材就可以被你安排在不同主题的素材库里, 这样才不会使得素材的利用率过低, 或者在某一个主题之下找不到素材的现象, 因此这是一个非常高效的分类方式。

按照主题来备份记忆, 今后想写什么选题, 要找素材, 直接在素材库检索关键词即可, 就不必大海捞针一般地去四处寻找素材了。

当文章主题确定好之后, 你就可以往表格里面放金句、故事、理论、标题等, 至于二级菜单自己进行分类就好。

2. 每天积累, 定期整理归纳

我们要想写出好文章, 离不开日积月累的素材积累。像前面说的, 每天积累一个素材, 1 个月下来、就有 30 个; 一年下来, 就有 365 个。经常看, 经常联想记忆, 你写文章的时候, 即使不能下笔如有神, 但也不至于抓耳挠腮, 大半天憋不出一句话来。

那么, 每天积累什么呢?

有些人看到收集素材是通往高手的必经之路, 内心一兴奋, 就疯狂地去收集素材、保存素材, 最终导致自己的素材库臃肿不堪, 自己的身心也不堪重负!

其实, 我们不必什么都收集, 只需收集以下这些内容即可:

(1) 金句: 顾名思义, 就是像金子一样有价值, 同时又吸引人眼球的句子, 让人听了如同醍醐灌顶, 又能够铭刻心中的语言。

例如: 努力不一定让你成功, 但一定能让你成长。

柴静说: 什么是幸福? 进步就是幸福。……

这样的句子太多了，书里的名人名言、网站上的金句搜索，或者自己创造出来的同样很有哲理的话，这些都可以作为金句来进行收集并记录。

（2）**故事**：我们也许记不住长篇大论，但是对于一些印象深刻的故事还是记忆犹新的，因为我们天生喜欢听故事，特别是那些情节生动、翻转很神奇的故事。

我的一个文友，她最近写了一个阅读 1257 万的微头条，讲的是一个姑娘，因为放假期间被领导叫回去加班，但是她已经安排好了行程去不了。领导竟然说：公司大于个人。姑娘很气愤，直接辞职不干了。

这个故事我看完后印象特别深刻。这个微头条引发了广大网友的共鸣，收获了上千万的阅读量。

像这样的故事，我们就可以收集起来，把它放入职场分类素材里，之后在写领导和员工关系的时候便可以引用，用来论证公司是否真的大于个人，等等。

（3）**理论**：理论包括的细分领域比较多，比如心理学、管理学、生理学、医学等，这些理论都可以收集起来，比如心理学的"自我决定论"，这对论证为什么我们做老板安排的事情十分不情愿，但是做自己选择的事情就很乐意十分契合。

（4）**数据**：其实，很多人的文章之所以写得非常好，原因在于他们的文章论据翔实，其中有一点原因就是里面有丰富的数据作支撑。例如"婚恋调查数据""单身男女比例""第一份工作平均在职时间"等，都可以收集起来，放在一个主题下，将来需要的时候就调用。

一篇文章，如果具备以上这些素材，基本就比较完整了。此外，还可以收集一些精彩的段子，这也是非常好的素材之一。

需要注意的是，当我们使用文章素材的时候，一定要用自己的语言重新进行表述，别原文照搬，那样就涉嫌抄袭了。

6.4 去哪里收集素材

当我们知道收集什么素材之后，还需要知道去哪里收集才行，以下给大家几个寻找素材的方向：

1. 热搜话题

可以去微博热搜、QQ 手机浏览器热搜榜、百度搜索风云榜、知乎热搜、豆瓣热搜、朋友圈、果壳、TED 演讲、得到、网易云音乐等平台寻找。

例如微博热搜，每天都会产生大量的热点话题。我们可以在热榜里面搜索和自己要写的领域的相关素材。总之，写新媒体文章，不懂追热点，你是不合格的。

还有果壳网，我们可以搜索到一些国外比较新的心理学知识。因为我看到很多优秀的干货文基本都会包含某些心理学理论。心理学已经经过科学验证，对我们人类是真实有用的，那么放在文章里，就可以增加文章深度，还可以升华主题，让读者读完有满满的获得感。

2. 自媒体平台

自媒体平台有很多，比如今日头条、百家号、知乎甚至是公众号。在这些平台上，我们都会看到一个放大镜一样的小图标。比如，你想写一篇关于职场嫉妒的文章，你可以去搜索嫉妒、职场嫉妒这类关键词。随后平台上就会出现与此相关的文字内容。

如果你想增加文章的丰富度，你还可以根据关键词的近义词、反义词等进行搜索。这样，你搜索到的内容可能就会截然不同，你写出的东西就会比很多人更新鲜，更丰富。

另外，我们还可以在抖音、快手短视频上查看视频内容，它们也是比较好的素材。最后补充一点，像文章下面的留言，一定是不可错过的好地方。因为有些留言十分经典，我们也可以拿来作为素材用。

3. 娱乐媒体

另外，一些热门的电视剧、电影也需要关注，包括台词、剧中人物的经历、剧情、导演的故事等，这些都是写作素材里必不可少的内容。

还有一些热门的综艺节目，比如奇葩说、脱口秀等。因此可以说，你的写作定位是什么，就去关注什么内容。

最后，叮嘱一句：多看书，多看文章，多思考，写一篇文章其实并不难。

【本节作业】

你有收集素材的习惯吗？请为"写作副业变现"收集 3 个小故事。

第7课　"文笔很好，但不是我们想要的"，面对编辑的回复，你知道自己错在哪儿了

"我觉得自己写得很不错，凭什么不用我的稿子？"

"那些编辑太不负责任了，什么叫作不是他们想要的。"

很多爱好写作的小伙伴都有尝试过各种投稿，但多数情况下会被莫名其妙地无情拒绝。

想必大家都很伤心吧？在伤心的同时，还有很多不理解。毕竟自我感觉非常良好的一篇文章，到了别人那里，怎么就成了一句简简单单的"不符合要求"了呢？

其实，这也是今天我们要讲的重点内容：面对编辑的"稿子不符合要求"，你知道自己错在哪儿了吗？

今年的春晚小品里有一句话，非常符合现在的场景，那就是："我要我想要的，而不是你想要的。"

这话是什么意思呢？简单来说就是，你觉得是好文章，不一定是好文章。可能在很大程度上你搞混了自嗨与有用的区别。

而什么是自嗨？什么又是有用呢？我们一起来看一下。

7.1 自嗨与有用的区别在哪里

什么是自嗨？

简言之就是你自己觉得写得很完美，但别人却无法与你共鸣。最终，这

类文章除了可以自我欣赏之外，不会有任何变现的价值和可能。

其实，"自嗨"型文章就是我们所说的"X型文案"，这样的文字一般都很华丽，写作者刻意将本来平实无华的表达写得更加有文学效果，让文章看起来更有品位。

举个简单的例子：比如形容一个人声音好听，很多人说会说"音质好"，那X型文案的表达是什么呢？它就被表达为"声声震撼，激发梦想"。

因此可以说，X型写作者更像语言学家、修辞学家和诗人，他们的日常工作就是想创意、查词典和构思修辞，想办法用华丽的表达来描述产品。

那什么是有用呢？

所谓有用，就是这篇文章是为了解决问题而存在的，而不仅仅是为了发挥个人的创意能力。因此可以说，文章并不是为了写作而写，它是一种武器，一种"解决问题"的方法，因此，我们把有用的文章叫作Y型文案。

因为它不追求文字的辞藻华丽，而是更在乎文字是否解决了人们的刚需，或者说是否激发了客户的购买欲望，完成了它作为文字的使命。因为只有客户买单，你的文字才值钱。当你的文字值钱了，你的文字才能获得更多的收益。

所以说，如果你想走上文字变现之路，那么从现在起，你就该转变观念。不能仅仅为了自己高兴而写作，也不能仅仅是自己想写什么而写什么。我们要根据客户的需求，提供不同形式、满足市场需求的文字。

7.2 怎样写出有用而不只是自嗨的文章呢

1. 普世

其实有用的概念也是相对的。因为一篇文章，你觉得有用，不一定别人也觉得有用。但是，既然我们拿给别人看，就需要对大多数人有用才行。因此在文章里，我们经常用到的一个标准就是"普世"。

什么叫作普世呢?

就是这个道理要适用于大多数人。打个比方,"失败是成功之母",它就是一个大多数人认为对,并且验证过是对的真理。

但如果你说"生气有助于瘦身",这就是一个大多数人并不赞同的看法。因此,这句话就不具有普世的作用。

2.要有信息增量

什么是信息增量?

简单地说就是,别人理解的内容,大众都熟悉的内容,就不必往文章里堆砌了,我们需要写多数人不知道并且正确的道理。这些道理会让我们深化对某些概念的认识,提升我们的知识储备,等等。

那到底什么样的文章才算是有信息增量的呢?

首先,话题要新颖。

举个例子:

大家都知道要想在工作上出类拔萃,要努力上进并且还要时不时地给自己充电。但我们如果只是把文章的主题定位成**"如果你不努力,你就无法升职加薪"**这样的话题,就有点儿老生常谈,千篇一律,推荐量也不会高。因为哪怕不会写文章的人,也知道这个道理,它无法能给读者创造出更多的价值感。

但同样是升职加薪,你可以换个更新颖的角度,比如**"那些拍马屁的人,更容易升职加薪"**,你看这样的话题,阅读量明显就会增加很多。因为拍马屁不是职场一个常见的现象,甚至可以说是一个并不太好的现象,那么为什么拍马屁的人可以升职加薪呢?在这里,拍马屁这个概念和因为拍马屁而获得职场晋升就会促使很多读者读下去,因此这个角度就是一个比较新颖的角度。

其次,深度要足够。

什么是文章的深度呢？简单说就是文章要有一些能给增加大家见识的知识点。那从哪些方面可以体现出我们文章的深度呢？

在这里，文章深度可以体现在三个方面：**金句，典故，理论**。

先来看金句。

金句：顾名思义，就是像金子一样有价值，同时又吸引人眼球的句子，让人听了觉得醍醐灌顶，又能够铭刻心中的语言！

例如：生活总是让我们遍体鳞伤，但到后来，那些受伤的地方一定会变成我们最强壮的地方。

我们花了两年学会说话，却要花上六十年来学会闭嘴。……

这样的句子很多，但是你得注意积累，否则，就像过眼云烟一样，当你想用的时候，怎么也想不起来，就糟糕了！

试想一下，这些句子，是不是给读者眼前一亮的感觉？会让大家觉得你的文章朗朗上口，还有很多小心思在里面。所以，这就是一种提高文章水平的方式。

再来看典故。

所谓典故，就是故事，甚至可以是那些非常有名的历史故事。这些故事所讲述的道理，是经过人们验证的真理，我们直接可以拿来用。

在借鉴典故的过程中，我们又会觉得这个文章有历史文化价值。毕竟我们从你引用的典故里，可以看到一些名人逸事。这就是典故带来的信息增量。

最后来看理论。

理论：包括心理学、管理学、生理学等领域的理论，都可以收集起来。所谓理论，就是经过验证且是公认的道理。

像这样有名的理论其实还有很多，比如职场上的二八定律、木桶理论、睡眠里的 R90 睡眠法，等等。

在文章里，经常出现一些理论，不仅让读者能读到我们文章中所讲的道理，还能意外收获一些之前并没有接触过的理论，这就是信息增量的第三种表现方式。

当然，除此之外，我们还可以引用数据或者新闻，甚至娱乐节目里的桥段，这些都可以增加我们文章的深度。当深度有了，我们的文章就会变得更加有价值，我们的文章才更容易被编辑采用。

7.3 文章需要逻辑自洽

到此，我们已经知道如何写出一篇有价值、有深度的文章了。那是不是就意味着，我们的文章就一定不会被编辑拒绝了呢？其实并非如此。

文章仅仅有深度、有内涵还不够。有很多朋友的文章，虽然无论从文笔还是从深度上来讲，都足够了。但是他的文章还是让我们觉得不太容易看懂，无法理解。为什么会出现这样的情况呢？其实他的文章可能是犯了以下两种错误。

1. 措辞书面，晦涩难懂

这是很多写作者，尤其是在专业领域有很深功底的朋友们最容易犯的错误。我们文章里所说的信息增量是知识增量，而不是把这篇文章写得用词生僻、深奥难懂。一个真正优秀的写作者，往往能把一个鲜为人知的道理讲得有趣且通透。只有这样，文章的可读性才会更高，你的读者或者审稿的编辑才会买账。

2. 因果矛盾，逻辑混乱

很多时候，那些基础比较薄弱的写作者，不会发现自身的这个问题。我们举个例子，请大家自己看看下面这段话：

很多人都很讨厌工作，即便他是工作 5 年以上的职场老鸟。但是有一部分人却会把工作处理得井井有条。不过，我的高中同学小红，她却时常被工作弄得团团转。这不前几天，她又因为忘记通知部门开会时间，被领导骂得狗血淋头。

乍一看，很多写作者觉得这段话没毛病，但实际上却存在着逻辑错误。

开头第一句，作者写到有很多人讨厌工作，但有一部分人却做得井井有条。那按照正常的逻辑是，接下来我们应该介绍那些能把工作处理得井井有条的人，那为何又举例了自己的高中同学小红呢？她是个典型"被工作弄得团团转"的人啊，所以放在"井井有条"之后说小红，是不是就是明显的逻辑不符？经过调整之后，应该这么写：

很多人都很讨厌工作，即便他是工作 5 年以上的职场老鸟。比如我的高中同学小红，她就时常被工作弄得团团转。这不前几天，她又因为忘记通知部门开会时间，被领导骂得狗血淋头。但是，有一部分人却能把工作处理得井井有条。这到底是为什么呢？

你看，调整了语序之后，文章是不是就顺畅多了？而对读者来说也就更好理解你所要表达的含义了。

相信我们只要遵循以上的规则来撰写文章，同时做到自我检查、自我提升，稿件被拒的概率就会大大降低。

【本节作业】

自我检查自己的一篇文章，修改出三处错误，并且说明理由。

第二篇　文案写作进阶

这一篇主要通过自媒体文案、带货文案、拆书稿、短视频和小红书文案四部分，来为大家展示不同文案的写作技巧。本篇还详细介绍了各个平台的推荐机制以及相关文案的投稿方式。通过这部分内容的学习，大家可以实现从写作基础到写作进阶的跨越。

第一章　自媒体文章写作技法

　　自媒体变现是如今比较火爆的写作变现方式。像"今日头条""百家号""一点资讯""网易"等都是人们进行自媒体创作的平台。本章将详细介绍自媒体的运营机制和写作技法，只有了解平台规则，才能更好地进行针对性创作。

第1课　自媒体平台推荐机制解析

　　不得不说，互联网给了我们每一个写作者机会，它让爱好写作的人有机会进入自媒体营销时代。我们可以通过五花八门的创作平台来展示自己，从而让我们获得成就感。

　　除了公众号，相信大家早已听说了很多网络自媒体。比如，今日头条、大鱼、一点资讯、美篇等，类似这种平台，我们统称为自媒体。如果你在招聘网站上看到有些公司的招聘启事是这么写的："会运营公众号和其他自媒体平台。"那意思就是说，你要学会除公众号之外，至少5个平台的发文规则和运营模式。

　　今天，我们就来说说自媒体的写作规则以及各平台所喜好的文章调性，相信对大家通过原创认证并加 V 有一定的帮助。

1.1 今日头条的运营机制

要想写好文章，让文章拥有较高的阅读量，就一定要了解自媒体平台的运营机制，因为只有符合平台要求，为读者喜欢的文章才能获得较高的流量推荐，我们写文章才会有动力。

今日头条是目前市面上比较大的资讯类平台，它跟抖音都出自同一个母公司，因此都是采用流量池投放的规则。

什么意思呢？就是你发布一篇文章，平台首先会由机器筛选来帮你推荐，等达到某个量级的时候，再进入人工审核。需要注意的是，机器本身是没有情感的，无法识别好坏。它只能根据你发的文章属于哪个领域来判定推荐给哪些读者。因此，如果你长期发布某一个专业领域的文章，那么机器就会认为你擅长这类领域。其实，你的自媒体专业领域类型就是以此为依据来确定的。

在机器的推荐下，你的内容可能会相对公平地进行展示。为什么这么说呢？因为在推荐的过程中，没有人去审核你的粉丝数量，机器仅仅会因为你发布的内容的受欢迎程度来一次次地扩大对你的文章的再推荐。

所以，即便你的粉丝量很少，你也可能因为某一篇高质量且读者非常喜欢的文章而一夜爆火。由一个素人，可能一夜之间成为家喻户晓的明星，这就是自媒体平台推荐机制的吸引力所在。

当你的阅读量达到某一个级别时，就要进入人工审核环节。所谓人工审核，就是我们人脑进行操作的时刻。人工审核会审核你的内容有没有营销词，是否具有反社会的情绪，等等。如果内容是正向的，那么就会进行下一次推荐。

1.2 推荐量

所谓推荐量，也是由机器来制定的。比如，今日头条统一将普通发文者的流量定为100个人，那么，机器就会在你发布文章后，先推荐给100个人。

如果你的内容有 50 个人（也就是一半）阅读，机器就默认你满足了第一次推荐要求，它便会给你再推荐 500 人，如果你又达到了阅读要求，它就会继续给你推荐第三次，依次类推。

所以我们能够看出，你的文章推荐量好不好，在于你的文章被多少人看过了。也就是说大众才是你的老板，才是你的评委，而不是某个平台或者某个人。

既然大众决定了你的文章的受欢迎程度，那么你想一想，在打开文章之前，什么最重要呢？那自然是文章标题了。说到这里，就又回到之前我们讲过的文章标题那一课。此时，大家可以闭上眼睛，温习一下关于如何写出爆款标题，看看你对怎样写出一个好标题，还有多少记忆。

除了今日头条，像抖音或者百家号等其他自媒体平台，也同样采用了机器推荐机制。这其实为好内容提供了一个更加公平的展示机会。因此，不管你是不是拥有百万粉丝的大咖，只要你能够持续输出好的内容，都有可能成为自媒体行业的佼佼者。

第2课　如何写出爆款文章

有很多朋友会说：想写出爆款文章很简单，之前我们学了爆款标题，所以，只要会写爆款标题，写出爆款文章肯定没问题。

其实，爆款标题只是一扇大门，它只能决定文章的打开率，但真正的爆款文章还有一个硬性指标，那就是完读率。所谓完读率，就是读者打开你的文章，能看完多少内容，因此完读率的指标完全取决于你的文章内容的吸引程度。而这个吸引程度决定了你的文章的阅读量，而阅读量最终决定了你这篇文章是否会成为爆文。

到底具有什么样的内容才能成为人人喜爱的爆款文呢？在我看来，爆款文需要具备以下几个要素。

1. 拥有一个爆款标题

在前面我们讲了如何起一个爆款标题，并且给了大家一个"**矛盾冲突＋数字＋亲身经历**"的万用公式，所以建议大家复习一下前面的内容。

2. 蹭热点或新闻

光有一个好题目还不够，我们的文章还需要拥有非常吸引人的内容。可是，到底什么样的内容才能更吸引人呢？在这里，我给大家总结了3种技巧供大家参考。

（1）蹭热点

热点是最容易产生爆款文章的，因为大家对每天发生的大事件都比较感兴趣，自然也就会关注每天的热点新闻。

像之前的许可馨大家就非常关注，无数头条写作者因为写她的故事而成就了自己的爆款文。其中有一个朋友也因为写许可馨而创造了接近70万阅读量的奇迹。这篇文章的标题是《美国爆发骚乱全国失控，许可馨毫发无损回到苏州，我们输了？》。

（2）蹭八卦

这里的八卦包含的内容比较广泛，比如不久前当当总裁夫妇的争权问题，再比如罗志祥和周青扬的爱情纠纷，这些都属于比较八卦的内容。尤其是娱乐领域，大家虽然不是明星，但是比较关心明星的私生活，因为明星具有榜样作用和借鉴意义，因此大众一般情况下都比较喜欢这一类的内容。

那么这类热点去哪里找呢？通常可以随时关注资讯类平台去那里寻找热点，像百度、今日头条、网易、新浪、微信公众号甚至是一些时下流行的综艺节目，这些都是很好的素材来源。

（3）新鲜事物

什么是新鲜事物？它是在某个特定的环境下产生的特殊现象。比如，像2019年炒鞋、炒盲盒甚至是炒裙子这些经济现象突然就火了。什么是炒鞋、炒裙子啊？我简单地解释一下：就是我们购买这些东西后，再进行二次倒卖以赚取差价。

这是那个时间段的特殊现象。大家对新事物不熟悉，亟待了解。因此在当时这类内容就比较容易火爆。

3．编一个好故事

好故事吸引人不言而喻，那么如何写一个好故事呢？许荣哲的《故事课》给出了我们可以使用的一个公式。那就是"目标—阻碍—努力—结果—意外—转折—结局"。

目标，是描述故事的主人公有一个怎样的梦想；阻碍，是指为了达到这个目标，主人公遇到的阻碍是什么；努力，是指主人公为了克服困难，采取了什么方式方法；结果，是指主人公通过努力，获得了什么成就；意外，是指主人公虽然马上就要实现愿望，但又遇到了哪些意外；转折，是指主人公通过怎样的努力铲平了这些意外；结局，是指主人公最终是怎样的结局。

我们可以看到，前四部分"目标—阻碍—努力—结果"就已经是一个完整的故事。但是，为了达到更加吸睛的效果，作者还加了一个包袱，相当于给主人公设置了某些阻碍。这样，我们的心理就会被故事牵动。毕竟马上要达成目标的时候又被拉了回来，读者的心里比较难受。因此，后三个环节"意外—转折—结局"就是对事件的补充，这是一个完整的小闭环。

有些时候，我们的故事不需要一定拥有完整的七个环节，只要我们拥有前四个或者后三个环节，就有可能创作出令人拍案叫绝的故事。

我们举一个例子：

失业2个月后，我终于收到了一家国企的面试通知。为了能抓住这次来之不易的机会，我准备了一个礼拜，希望可以顺利通过面试进入这家国企。

但是去面试的那天，天公不作美，没带伞的我被雨淋透了，精心准备的妆花了，打印出来的简历也因为沾了水皱巴巴的。当时我的心情很差，有那么一瞬间我想给国企的人事打电话改约面试时间，但考虑到第一次面试违约不太好。经过一番心理挣扎，我还是选择了如约面试。

当我到了那家国企的时候，面试的主考官已经在那里等了很久。她说：对不起，你迟到了。

我连忙道歉，解释来晚的原因。面试官接着说：但是你是我们5个面试者中唯一来面试的人。因为今天下雨，他们都改约了时间，所以，你被录取了。

大家看，这个故事就遵循了我们所说的"目标—阻碍—努力—结果—意外—转折—结局"的公式。

其中：

目标，是我去面试，希望可以顺利被录取；阻碍，是下大雨，我被淋湿了；

努力，是我冒雨选择继续面试；结果，是我迟到了，面试官很不满意；意外，是面试官说我是冒雨前来的唯一一个面试者；转折，是我被面试官夸奖；结局，是我被录取了。

你看，根据这个公式，我们就可以写出一个好的故事来。

4. 会总结金句

一篇文章能不能爆火，很大程度上取决于内容质量是不是很高，而高质量的文章一般都会金句频出，因为金句朗朗上口，会让文章惊艳无比。

那么怎样才能写出金句呢？在这里，我介绍3种方法。

（1）1221 式

什么叫作 1221 式？从字面上我们很好理解，就是一个句子里有 2 个重要词组，而开头和结尾是一对重复的词组，中间两个词是一对重复的词组。

我们举几个例子大家就知道了。比如："努力不一定成功，而成功一定缺少不了努力。"大家可以看到，这句话里其实只有两个词是重点，一个是"努力"，一个是"成功"，而前后两个半句，就是把这两个词组调换了位置，但是结果成立。

这样的金句怎么写呢？其实也很简单。

首先，我们要找到需要表达的内容核心，比如我们想表达"坚持就是胜利"这件事情。

其次，我们需要找到这个道理中的两个重点词组。经过观察，我们发现这个道理中，"坚持"和"胜利"是重点词。

最后，我们来做正确的句子组合：坚持不一定胜利；但胜利一定需要坚持。

根据这个方法，大家可以找一些其他词汇进行刻意练习。

（2）1213 式

1213 式是在 1221 式的基础上进行演变的结果。我们先看"1213"里的 1，这说明我们每一个短句中的这个词组是一致的，而不同点在于第二个短句里的 2 和 3。

我们再来举个例子：别人这么努力是为了生活；我这么努力是为了生存。

大家看，这个句子里出现了三个词："努力""生活"和"生存"，而两个半句里，"努力"代表我们所说的"1"；"生活"代表"2"；而"生存"就代表"3"。

（3）回环式

所谓回环式，又称为顶针式，换句话说就是：上一句的结尾是下一句的开头。我们再来举个例子：

"关键时刻需要果断，果断来自智慧，智慧来自学习。"这句话就是非常典型的顶针句式。

同样的，大家可以找一些词组，以正确的逻辑关系进行练习。相信通过这种练习，我们都能写出一鸣惊人的句子。

爆款文章的写法，相信大家都已经了解了，但是，纸上谈兵终觉浅，希望大家都可以通过练习，写出属于自己的爆款文。最后，预祝大家都可以拥有属于自己的 10 万 + 文章。

【本节作业】

利用万能故事公式的七要素，创作一个精彩的故事。

第 3 课　如何写观点文

3.1 什么是观点文

在新媒体写作里，有一个写作类别被我们称为观点文。所谓观点文，顾名思义就是以表达作者观点为主的文章。在这类文章里，我们需要提出一个观点，并且来佐证这个观点是正确的，这种文体叫作观点文。

3.2 观点文的作用

观点文是新媒体文章类型中的重中之重，也是数量最多的文章类型。观点文是最容易塑造个人品牌的。因为观点代表你的个人价值观，你经常传递自己的价值观，就很容易让读者受到感染，进而让读者对你产生强烈的认同感，紧接着成为你的死忠粉。

观点文的应用非常广泛，在育儿、情感、心理、职场等领域，都能够产出观点文。而且，绝大多数爆文皆来自观点文，因为观点文是对某个观点的反复论证和支持，往往会刺激一部分读者的强烈认同，引发他们的点赞、关注、转发，所以文章很容易爆火。

但同时，也会引起某部分读者的强烈不适，遭受他们的谩骂。尽管如此，观点文依然是大号和强手的必争之地，也是判断一个新媒体作者是否及格的依据之一。

观点文非常锻炼人的思维逻辑，因为你要让人们接受自己的观点，就必须有充分的依据来论证，否则，你的文章就很容易被读者认为是无病呻吟。

所以，你想写观点文，就必须有强有力的论据与逻辑支撑，同时，也要具备强大的心理素质，就像某大咖那样，被人怼还能够冷静地去看对方的内容逻辑结构严谨不严谨。如果能够以这种心态看待任何问题，那么你就可以大胆地写观点文了。

3.3 如何写出 10 万 + 的观点文

当我们做好充足的心理准备后，就开始进入写作阶段。究竟怎么写才可以写出一篇 10 万 + 的观点文呢？在这里，我们主要说两个重要部分：观点，素材。

我们首先来谈谈如何提炼厉害的文章观点，才能让读者过目难忘。

一般来说，新手写观点文很难写出十分深刻的观点，但是大众化、浅层次的观点，根本启发不了读者的思考，也引发不了他们的共鸣，更无法让他们有点赞转发的欲望，因此这类观点文不太受人待见。

你只有写出与众不同的观点文，才有可能得到读者的认同。要写出厉害的观点文，你可以从以下三个方向来进行思考：

1. 创新性

首先我们来看创新性，它是指少数人能想到的，具有差异化的观点。

举个例子：大多数人不喜欢工作，为何还要强迫自己去上班？连岳给出的答案是：人爱的不是工作，人爱的是工作给自己带来的东西。

这个观点其实就很新颖，因为很多人不明白自己为何不爱工作，却每天还要工作，而这篇文章告诉我们，原来我们不是热爱工作，而是爱上工作能给我们带来的东西罢了，比如金钱、成长、沟通，等等。

虽然道理是这样的，但很少有人会想到这一点。如果你能提前想到这样的观点，并写成文章，那么别人就觉得很有道理。也许你前期想不到，但是可以多阅读、多收集，日积月累，你也能够写出具有创新性观点的文章。

2. 深刻性

其次我们来看深刻性，它是指深入事物的本质，能够给人启发，引发人的思考。

之前有一个案例是讲一个人不买票，私闯动物园，不小心被老虎咬死，老虎是否被处死的问题。普遍的观点是：游客贪小便宜，不得好死。而创新的观点是：动物园的建设有问题，管理老虎有问题。这个观点虽然创新，但是比较牵强，逻辑也不成立。即使管理最严谨的动物园，也会有细节上的疏漏，这是无可避免的。

以上这两种观点，都无法启发我们反思。那么真正让人们深入思考的观点是什么呢？我们可以从这两方面来思考：

①人为何敢逃票？规则对人意味着什么？

②老虎不讲规则？是不是所有人都讲规则？

通过这两个方面的思考，我们可以得出观点：要相信规则大部分时候可以维护我们的利益，但是又不能完全依赖规则。因为不是所有人都依赖规则，如果太相信规则，就很容易成为受害者。

你看，这个观点就很深刻了。

3. 逻辑性

最后我们来看逻辑性：观点文要求有很强的逻辑性，因为你的论证要逻辑自洽，才能够更有说服力！因为无论什么观点，我们都得有足够的逻辑或者事实去论证它。

我们需要注意的是，别盲目地追求绝对正确，因为任何观点都不是无懈可击的。只要你的文章能够自圆其说，有真实案例作为观点的支持即可。

那么如何提炼观点呢？这要经过三个步骤。

首先，我们可以根据直觉和判断想出几个观点，按照自己的直觉将观点写出来。

接着，用上面自己提出的观点分析事件，再看看别人的观点是什么，对照自己观点和别人观点的差异，从而找出不足。

最后是观点选择，根据综合判断，选出最佳的那个作为文章的主要观点。

提炼完观点，我们就可以去收集素材，开始写作了。至于如何收集文章素材，我们可以复习一下前面讲的关于素材的知识。

那么，如何才能写出一篇有理有据的观点文呢？我们可以试着采用以下这个方法。

举个例子，我前面谈到的如何取标题，这是新媒体文章的重中之重。我给大家列举了6种取标题的方法，掌握了这6种取标题的方式，就可以取一个好标题，而这类文章就可以说是干货类的文章。所以，它的实操性非常强，只要读者觉得对他有用，就会点赞和收藏。

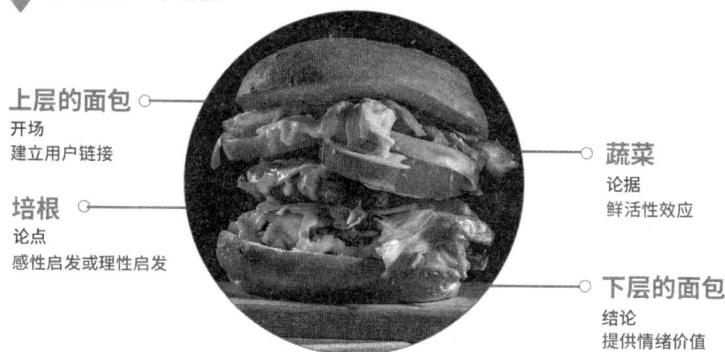

图 2.1 如何表达观点

我们来看上面这个图片：

上层的面包是指开头，烤热的面包香味可以立即吸引用户，目的是建立"用户链接"。培根是论点，分量最少但最核心，作用是进行"感性启发或理性启发"。蔬菜部分是论据，可以由生菜、西红柿等新鲜食材构成，这里的重点是建立"鲜活性效应"。最下层的面包是结尾，它和开头遥相呼应，都需要激发用户的情感，重点是"提供情绪价值"。

而论证方法也可以分为以下三种：

（1）平行并列法：找出同类案例对比，用多个故事来支撑自己的观点。

（2）正反对比论证法：找出不同案例进行正反比较，印证总论点。

（3）逐层放大法：先找到一个案例，然后通过讲述慢慢放大到群体层，最后递进到社会层。

通过以上方法，相信大家对如何写出新颖深刻的观点文已经有所了解，期待大家能够熟练地掌握这些方法，都可以写出更受读者欢迎的观点文。

【本节作业】

采用书里讲到的寻找观点的方式，列出一篇文章的观点，并写出这篇文章的提纲。

第 4 课　如何写干货文

4.1 什么是干货文

　　什么是干货文？干货，原指经过风干和晒干的食材，因为水分蒸发了，只剩下精华部分，所以称为干货。像干鱿鱼、干海带、枸杞干、荔枝干、龙眼干等都可以称为干货。而用在写作上，就是那些实用性很强，不含水分的经验和方法，读者学了之后马上就能够用于实践，可以改变生活的，称为干货文。因为比较实用所以会有许多人点赞和收藏。如果你的干货文是长期有用的，那就能长盛不衰，只要是发表在公开平台上，无论多久，都会有阅读量。

　　如何判断一篇文章是不是干货文呢？换句话说，干货文有什么特点呢？我们可以从以下三点来判断：

　　1. 实操性强

　　因为干货文是针对问题提出解决方案的一类文体，实操性很强，所以读者看完，按照文章讲述的步骤，一步步操作，基本上就可以解决问题。正是因为干货文的实操性很强，对读者有用，大家才会点赞和收藏。

　　2. 以结果为导向

　　读者看干货文，目的是解决问题。所以，我们写干货文也要注重结果。只有让读者读完你的文章，马上就能解决他当下的困惑，这才是一篇好的干货文。

　　比如我最近做自由职业，每天总是很忙，一直想走出这个怪圈。当时我在刷头条，一不小心刷到了一篇文章《关于自由职业，你想知道的都在这里了》。作者讲了她做自由职业每天如何安排时间，如何克服不自律，如何解决收入问题，等等。这篇文章很好地解决了我当下的疑惑，我就点赞、收藏、转发了。

再比如，我之前写的一篇文章《如何恰到好处地拍领导马屁》，就详细地介绍了职场上拍马屁到底好不好以及如何拍领导马屁。大家看完之后，就会掌握这个分寸，说不定还因为拍马屁而升职加薪了。

所以，当你的文章能够解决读者的困惑，让他有种眼前一亮的感觉时，那么他就很容易成为你的粉丝，为你打 call！

因此，写干货文一定要以结果为导向。

3．逻辑性强

通常来说，结构好的干货文一般都存在完整的闭环。比如：是什么—为什么—怎么办，而干货文则更注重"怎么办"环节。一般情况下，当我们要说怎么办的时候必须有严格的步骤。因为读者读文章的时候，没有老师在身边指导。如果你写的内容没有逻辑，读者看着也费劲，操作起来也困难，那么这篇干货文就失去了意义。

网络上很多文章都是这样，写的的确有干货，但是逻辑性不强，读者读完还是一头雾水，自然就不会收藏、点赞，也就更不会转发。

4.2 为什么要写干货文

谈完干货文的特点，我们来谈谈为什么要写干货文。

1．对自己而言是一个很好的知识梳理过程

为什么很多人工作了很多年始终没有任何提升，甚至被社会淘汰？很大原因就是没有对自己的知识进行梳理，每次都用同样的经验去做事情，效率没提高，技术没长进，工作多年，还是和初入职场的菜鸟那样笨拙。

而那些经常梳理知识、总结经验的人，工作几年后就跟同龄人拉开了很大的差距。

那么如何对知识进行梳理呢？其中一种方式就是学会写干货文。因为写干货文其实是一个非常好的知识梳理的手段。你把自己的经验用文字表达出来的过程，也是自我反思和复盘的过程。而且，这个过程非常有助于提升你的逻辑思维。

比如我写《如何与老板"谈薪资"？记住这套话语，让你涨薪成功》这篇文章的时候，就先讲述了小张工作三年依然薪资很低的问题。进而梳理了三个涨薪的要点，分别从转变观念、选择合适时机以及与老板谈判的话术来分析，如何让老板心甘情愿地为我们涨薪。

当我收集素材并且写完初稿之后，心里对如何跟老板谈薪资有了更加明确的认识。我不仅写了一篇文章，好像我自己的职场技能也因此获得了提升。

写完这篇文章后，我也知道该如何取舍素材、如何分类整理素材了，自己的写作技巧和逻辑表达方面也都有了不小的进步。

2. 对他人而言可以帮助他人少走弯路

当我们遇到问题后，有没有第一时间去网络上搜索相关问题的解决方法呢？如果有，那你就养成了一个好习惯。

而网络上的那些方法和技巧，并不是天然存在的，而是有人经过实践，进而总结出来的。这些干货文无形中帮我们解决了很多问题。比如，我们知道掉进水里的手机可以用大米来控水；或者如何收集素材，才能快速写出一篇好文章；等等。

总结经验，不仅可以让我们自己学会复盘，还能帮助别人，所以干货文的第二个特点就是可以惠及他人。

4.3 干货文和观点文有什么异同

介绍了写干货文的好处之后，有朋友开始问了：干货文和观点文到底有什么区别呢？

能提出这个问题的朋友，说明已经很用心地研究了这两种文体。

让我们再次回顾一下观点文的概念。所谓观点文，主要是以呈现观点为主。它是通过各种正反面的故事，来表明作者的观点，并且让读者认同作者的观点。比如说：婚后该不该和婆婆一起住。那么我们就可以首先提出一个观点。比如我们坚持不应该和婆婆同住这个观点，接下来，我们就应该通过不同的案例来验证这个观点。而干货文呢？就需要在观点之后加上方法论。比如我们加一个标题：如果老公要求妻子和婆婆住在一起，我们应该怎么做。

你看这样增加一个方法，是不是观点文立马就变成了干货文呢？

因此，让我们一起来总结一下：一篇文章一定是拥有某个观点的，但观点文和干货文的区别在于，观点文阐释观点，并且通过相应的事件来证明这个观点的正确性；而干货文是在阐释观点的基础上，给出了相对应的解决问题的策略。

因此我们最后给出结论：干货文 = 观点 + 方法论。

4.4 干货文的适用平台

干货文一般适用哪些平台呢？

首先是知识类型的平台。像一些教育类的公众号，它们为了满足学员的获得感，经常会配合自己的课程，发表一些周边的干货类文章，以此满足学员的好奇心，让学员获得更多的知识，协助理解相关的课程，还会获得很好的宣传课程的效果。

其次是适用于知乎、百度这些问答社区。在这些平台上，我们可以获取很多知识，进而拓展自己的技能边界。比如像《如何写出10万＋的好文章？》《如何通过副业变现？》这类文章，都是教授大家操作方法的。这类文章的需求量其实很大，毕竟大家都需要通过学习某些知识来提升自己某方面的技能。

所以，干货文更注重的是知识增量，因此干货文在任何地方的需求量都很大。

4.5 干货文的类型

通常来说，干货文分为3种类型：

1. 流程详解型

这种类型的文章，会一步步地教你如何进行具体的操作，每个步骤都讲述得非常详尽。当你看完文章，基本上就懂得应该怎么操作了。

例如：《逆袭PS！小白如何用PPT制作海报》就是如此，从海报的底板到海报的细节，图文并茂地进行详细介绍，教你如何一步步做出一张赏心悦目的海报，让同事为之大吃一惊。虽然这种方法做起来很费劲，写起来也非常累，但是读者看了会非常受用，会很感激你的付出。

2. 技巧集合型

这种类型的干货文，相当于技巧大杂烩。你看完这篇文章后，基本上不用看别的同类型文章了，你想要的技巧里面都有。这种文章的收藏量会非常高，但是阅读量可能不太高。因为有些小伙伴看了如获至宝，不怎么愿意分享出去。

例如《掌握这12个技巧，Excel水平提升一大截》，你看完这篇文章并且运用到工作中，基本可以解决你大部分的Excel基础问题。这篇文章，就是把12个技巧罗列出来，每个技巧都有图文介绍，没有过多的废话，非常简洁。

3. 资源密集型

所谓资源密集型的文章，就是把自己或者别人的资源全部放在一篇文章当中，你在一篇文章里就可以看到所有信息，一举多得，省时省力。

例如，《关于平面设计，用好这10个网站就够了》，当你看完这篇文章，就可以按照里面推荐的网站去学习和临摹，设计功底也会大大提升。

好了，关于干货文写作的方法和技巧就说到这里。最简单的干货文写作方式就是将原有的观点文加上一个方法论的扩展。只要掌握了这个技巧，相信你也能写出有价值增量的干货文。

【本节作业】

选用3个干货文类型中的一个，创作一篇观点新颖的干货文。

第5课 如何写"青云文"

什么是青云文？青云文是目前市面上比较火爆的一种文体。青云文这种文体的出现，源自今日头条推出的一种激励作者进行创作的计划。它规定：凡是获得青云计划的文章，每一篇（单日优质图文或月度优质长文）都可以获得 300~5000 元的奖励，这就大大刺激了写作者的创作热情。

你别看它叫法比较别致，其实就是干货文的另一种"化身"，可以说和干货文差别无几。为什么说今日头条的青云文是一种干货文呢？

首先，让我们一起来看看能获得青云奖励的文章到底长什么样？

5.1 青云文的要求和标准

所谓青云，通常比喻高官显爵的地位，换一种说法就是比较厉害的意思。那么青云文通常也是指那些比较学术、比较高端、比较有知识增量的文章。

像某些学者撰写的专业书籍，或者一篇学术论文，从严格意义上讲都是很有文化底蕴的，因此这类文章，在今日头条上面叫青云文。

那么通过字面以及官方对文章的要求来看，青云文主要有以下特点：

1. 拥有知识增量

所谓知识增量是指，我们在看完一篇文章之后，可以举一反三学到文章之外的东西，这就需要文章拥有干货和教育意义。

2. 具有普世意义

什么是普世？就是适合大众，而不是反社会、反人类的，我们的文章观点要正确、要合理才行。

3．拥有独特的见解和真谛

这一点和第一点有些像，但又有些不同。能获得青云奖的文章，或者说是一篇好文章，一定具有别出心裁的观点和看法，而这个观点和看法必须是正向的、发人深省的。因为只有这样的文章，才具有教育意义。

综上所述，一篇能够获得青云奖的文章，一定是一篇优秀文章。

5.2 获得青云奖的三类文章结构及思路

今天，我们就从文章的结构来说说，能够获得青云奖的三类文章结构及思路。

1．书评影评式文章

书评影评式文章，就是典型的书评影评。为什么它们会获得青云奖？因为书评和影评是有自己观点，同时也有信息增量的文章。

我们拿讲一本书来举例。在一本书里，一定会有很多知识点和系统的理论，甚至有很多是作者经过长期验证得出的一些道理。因此，当我们读完此书并将书中知识拿过来为我们所用的时候，就可以深化和拓展书里的知识点。这其实就是一种知识的翻新。

因此，书评影评就是既有知识增量又有普世道理的一种文体。很多时候，它既表达了书里或电影里的观点，又有文章作者对图书或电影内容的详细分析，因此可以说是干货满满的。

2．观点干货类文章

在前面，我们已经讲过观点文、干货文的写作技法。这些文章往往都有固定的套路。首先，文章的开头通常可以提出一种现象，或者讲一个故事，进而可以总结出一个观点。接着，再通过这个观点，引申出文章的干货部分。

打个比方说，我们要写一个关于"姐弟恋不靠谱"的观点。那么接下来，我们可以通过各种事实，来论证姐弟恋就是不靠谱。具体怎么论证呢？

首先，你可以去各大平台上收集一些资料。比如，你可以在知乎上搜"姐弟恋靠谱吗？"这个问题，进而就会出现一些不同的答案。通过这些答案，你可以筛选出为自己所用的信息作为写文章的储备素材。

除了在各大网站上收集素材之外，我们还可以从书中寻找相关的理论知识。比如，我之前看过一本书《幸福的婚姻》。在这本书里，作者说了一句很经典的话，或者讲了一个很经典的理论，就是讲婆媳共处之道的。那么我就可以拿过来作为素材来使用。再如，你的朋友最近家庭出现了问题，而她和老公的关系，刚好是姐弟恋模式，那么她的故事，你就可以稍微进行一些改编，作为素材来使用。

你看，不一会儿，你已经有三个素材可以用了，而这三个例子，都可以扩展为一个核心观点来写。

我们来总结一下观点干货类文章的写作套路：一个观点性的开头＋三个小标题（核心观点）＋一个总结。用好这个模板，你也可以分分钟写出拥有观点的青云文。

3. 下定义式的文章

什么是下定义式的文章呢？就是首先给出一个定义，进而去解释这个定义。需要注意的是，这个定义和上面的观点不一样。观点是一种看法，它可以是本来存在的，也可以是你自己的参悟。而定义是已经拥有的、科学的并且经过验证是正确的概念，它已经被前人总结出来了，我们仅仅是拿来用。

要写好一篇下定义式的文章，首先我们需要提出一个定义或现象。既然将这个定义作为全文的中心思想，那么这个概念就必须新颖，获得官方认可，且有说服力。

我们先来说新颖。一个下定义式的文章，我们提出的概念首先要有分量。

比如，善良这个定义我们根本不需要解释，它也没办法作为文章的中心和主线。因此，我们就不能去拿一些简单易懂的概念来做解释。大众需要知识增量，因此我们需要找那些拥有一定难度的真理。比如"延时满足"，再比如"二八定律"，等等。这些大众不一定了解，而且有必要给大家普及的概念。

再来说官方。所谓官方，一定要是字典或者社会上拥有的理论，而不是自己编造出来的东西。

最后是说服力。所谓说服力一般是指经过论证并且正确的定义。那么反社会、反人类的定义我们一般也不会采用。

接下来举一个典型的下定义式文章的例子。我认识的一位头条作者曾经写过一篇文章《如何提升"斜杠力"？》。作者在开头便提出了斜杠力这个概念；然后在文章的各个部分，分别用了很多不同的论据，去论证这个概念是什么，进而告诉我们应该怎么做。它的基本格式就是概念＋论据＋结论的模式。

而这里的论据，就是我们观点文里的观点。我们可以采用寻找观点文观点的思路来寻找斜杠力的观点。

这篇文章一举获得了今日头条的青云奖。我认为，整篇文章的结构是很基础的，厉害之处就在于作者提出了"斜杠力"这个概念。因为斜杠青年大家都知道，也是近些年比较火爆的词汇，但是"斜杠力"却很少有人知道。作者提出这个概念之后，很多读者对此比较感兴趣，因此这篇文章也是比较受欢迎的。

大家也可以通过这样的方法，去寻找自己想要写的并且具有吸引力的概念。期待大家都可以通过学习青云文的写作技巧，获得自己的第一笔稿费，走上自媒体变现之路。

【本节作业】

　　青云文有哪些类型？选择其中一种，创作一篇符合青云奖励计划的文章。

第二章　带货软文写作技法

带货软文，是指拥有变现功能的一种写作文体。就目前而言，它是最容易变现的一种文体。为什么这么说呢？因为带货软文不需要辞藻华丽，只要拥有语言组织能力，就能实现带货变现的目标。本章主要为大家讲解什么是带货软文，怎么写带货软文，通过训练掌握带货软文的写作技巧和方法，帮助大家实现写作变现。

第1课　什么是带货文案？如何写带货文

1.1 什么是带货软文

某知名情感博主，一条头条软文广告 80 万元，是月薪 5000 元的普通人十几年的收入。可见，软文的收益非常高，擅长写软文的人，月入过万元也很轻松。

我在文案圈认识一些文案大咖，他们接一篇软文，报价 5000+，高的报价 50000+，一个月接两篇，就轻松月入 10 万元了，而他们写出来的软文，带货能力不容小觑。有位大咖写的黑芝麻丸推文，半年内带货销量破千万。

我还认识一个写软文的 1996 年出生的小姑娘，文案功底稍微弱点，也写过一些软文，带货销量 600 多万元。

这两年知识付费盛行。我们看到一些公众号通常也会推出一些付费内容。

有些专门做付费内容的公众号，一篇文章就能够带来销售金额几千万元。

举这些例子，不是为了炫耀，而是想要说明，写文案带货真的很赚钱，比我们之前讲的写文章赚得更多。

讲到这里，我们总结一下什么是带货文案。

所谓带货文案，就是文案拥有了带货的功能，它主要是利用文字帮助商家或者供货商卖货，目的是通过这些文字，把想卖的东西卖出去。

当文案具有了带货功能，它就有了附加值，你的文字也会因此产生更大的收益。

1.2 如何写好带货软文

写好一篇带货文，需要注意以下几个方面：

1. 明确软文的目的

通常来说，写软文，要么是宣传产品，要么是成交带货，要么是二者兼具。

宣传产品的软文一般是介绍产品的好处、介绍公司的背景和实力，最终使企业或者某件商品达到一定量的曝光度。

比如《亚麻籽油对人体起着这么重要的作用，99% 的人都想错了！》这篇文章，全文没有提到购买方式和购买渠道，而是针对亚麻籽油的功效和作用进行科普，唯一具有销售意味的是在文章最下方加了一款产品链接。从这么佛系的操作来看，作者并没有想通过文章促进销售，而是希望通过文章做品牌宣传，从而提高产品的曝光度。

为什么只做宣传不进行销售转化呢？原因是产品初期并没有很多的市场份额，无论从口碑还是从曝光度上都没有形成市场效应，在粉丝基数小和用户信任度比较低的阶段售卖产品，效果是非常不理想的。

所以在产品前期，我们需要一个品牌宣传类（品宣类）的文案，对产品进行知名度的打造，就是希望大家可以频繁地看到他们的公众号，频繁地看到他们的产品，加深大家头脑中的印象。

那么，品宣类文案都有哪些呢？常见的有公司介绍、新闻稿、产品科普、干货文、知识分享等。

因此品宣类文案偏向于干货类，我们仿照干货类文案写作即可。

说完品宣类文案，我们再来介绍一下成交带货的软文类型。

先讲成交的一个核心逻辑：如何引导读者一步步地成交？

据统计发现，大部分人 90% 的成交是不理性的。

比如双十一购物狂欢节，有个定金支付环节，很多人是下了定金之后才后悔的。为什么会这样？其实逛商城时我们都不可避免地一时冲动，进而造成不小心下单的情况。而造成这个冲动的原因，很大程度上就是因为文案对我们的刺激。

知名策划人叶茂中说："理性的说服是后天的学习成果，而感性的诱惑是先天的本能。"

我们写带货软文，目的就是促成交易，让读者购买文章介绍的产品。所以，一定要让读者先天的本能超过后天的理性，在读完甚至还没读完文章就立即下单支付，完成购买。

2. 了解客户需求，有的放矢

品宣类文案我们暂且不做过多的讲述，在这里我们主要讲带货类文案的客户需求。

当我们接到软文写作任务的时候，第一步要做什么呢？

如果写一般的文章，我们通常首先构思框架，接着收集素材。但是写软文，第一步应该是跟客户沟通，了解客户的需求、产品的卖点、软文投放的渠道，希望给读者留下什么印象，产品跟竞品比较有什么优势等。

有些成熟的客户会给你详细讲解，但是有些初创企业，他们自己也不了解，需要你自己来构思。前者的软文比较好写，后者的软文写作则需要多花费一些时间。

但不管怎样，你都必须了解，你的软文到底是写给谁看的？

是女性客户还是男性客户，是投放到公众号还是别的平台，粉丝属性是什么，用户画像是什么样的？

你写的内容要契合平台的特点。例如，你写一篇汽车软文，发表在女性公众号上，就不要写太多的关于汽车性能的知识，女性通常也不会看那些东西。而是要把情感注入到文章中，可以这样写：如果家里有一辆汽车，可以接送孩子上下学，节假日可以全家一起去野外郊游，加深家人感情，等等。因此，在女性平台，写情感方面的内容，更容易促进成交！

下笔前，当你把以上内容了解清楚后，你写出来的文章，才会有的放矢。

【本节作业】

什么是带货软文？第一步应该怎么做？

第2课　避免6种带货错误思维，促成下单

要想写好带货软文，除了知道软文的用途之外，还需要转变思维，从传统写作手法中跳出来。

而传统写作和带货软文的差别主要就在思维上，那么今天就为大家介绍6种正确的文案思维，帮助大家避免走入带货软文的误区。

1. 用户不关心你的产品，只关心产品对他的好处。

很多新手写文案都会犯这样的错误：

喜欢自我陶醉，把自己的产品优势列清单一样一条一条地写出来，生怕漏了哪一条，结果写得特别多、特别长，文章洋洋洒洒，非常有感情，但是一单也没卖出去。

这就表明，你的方向错了。因为你写得再好，措辞再优美，也打动不了用户。毕竟我们写的不是一篇美文，而是一篇兜售商品的文章。用户并不关心你的产品怎么样，只是关心文章能给他带来什么好处。如果这篇软文对他本人没有任何好处，那么这篇文案就被判了死刑。

所以，请大家记住，你要写产品能给读者带来的好处，而不是写产品的优势。优势没有痛点，而好处才是最扎心的，最能引起客户购买欲的内容。

2. 简单的产品复杂说，复杂的产品简单说

什么是简单的产品，什么是复杂的产品呢？

简单的产品不是指功能单一，而是指卖点高度同质化的产品，比如大米、衣服、桌子等。

为什么它们简单？因为它们是我们日常必备的物品，是所有人都不可缺少的物品。这类产品，大家都很熟悉，因此，你就不能写得很简单、很雷同。

哪些是复杂的产品呢？比如软件、课程、保健饮料等。这类产品很多人平常用不到，也拥有一定的技术含量，需要将它们化繁为简，给客户讲清楚。

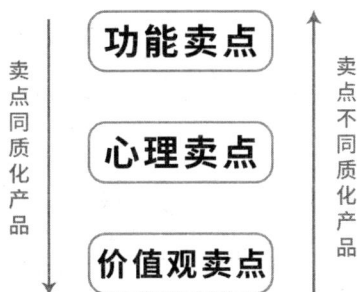

图 2.2 卖点分类

我们来举个例子：

比如我们卖一款杧果，谁没吃过杧果呢？所以，它不能这么写："这款杧果十分香甜好吃，欢迎购买。"

为什么呢？

因为杧果人人吃过，谁家的杧果又大又圆，还十分香甜呢？这么笼统的描述无法带来任何销量，反而导致客户很反感，进而取关，跳出率很高。

那么我们应该怎么写呢？其中有位自媒体写作者是这么开头的：

同样是杧果，贵妃杧和金煌杧到底哪个好？网友：大部分人都不知道。

又到了吃杧果的季节，但当你每次在市场看到琳琅满目的杧果时，会不会有一种选择困难症？

今天，给大家介绍比较常见的两种杧果：贵妃杧和金煌杧。它们可以说是杜果中的翘楚，像贵妃杜有"杜果中的爱马仕"的美誉，而金煌杜则常被吃货们称为"杜果之王"。

很多网友之所以纠结，就是因为不知道这两种杜果到底哪个比较好。如果你也有这个难题，那一定要往下看，相信你会找到想要的答案。

说完简单的物品复杂化，让我们再来看看复杂的产品简单化的概念。

我们来举个单反相机的例子。大家都知道只有具有一定的摄影专业知识的人才会购买相机。关于相机的性能和构造，比如光圈、长短焦、参数等知识，如果你不是摄影爱好者，也许你连这些专业名词都看不懂。

如果想把相机这样拥有高技术含量的设备卖出去，就需要把复杂的东西简单化。比如你在解释什么是光圈的时候，你完全可以不按照百度百科介绍的那样去写，而是用更形象和简单的语言来阐述。这样，才会让普通人了解相机，并且爱上相机，甚至购买相机。

3. 文案定位成解决型，而非预防型

什么是预防型文案呢？就是读者虽然没有遇到这些问题，但是需要预防这些问题的发生。大家想一下，什么样的人愿意为预防问题买单呢？除非是钱没处花了。我明明很瘦，你若给我推荐减肥产品，我是不可能接受的。如果你让我预防日后肥胖，那你怎么确定我日后会变胖呢？

很少有人会为没有发生的事情担忧，为了预防未来的问题而费心。只有出现了问题，大家才会千方百计地去寻找解决问题的方法。所以我们的文案一定要成为解决问题的刚需，而不是预防型的非刚需。

举个例子，假如你是卖面膜的，现在有下面的卖点供你选择：

A. 保湿；B. 预防衰老。

你会怎么选？

如果你选择 A，恭喜你，答对了。

为什么不选择 B 呢？

因为 B 是预防型文案，而 A 是解决型文案。

有心理学研究表明，人们为了预防而做出某种行动的欲望，要远远低于立马解决某个问题。

4. 好的文案要符合当前用户所处环境的语境

好的语境就如同一场及时雨。我们每个人每一天都要沟通、交流，而在不同的环境下我们就不能总说相同的话。就好比我们不能在吃饭的时候去说止泻药，也不能在上班的时候去购物一样。

因为这和当前的沟通环境不协调，所以你会不自然地产生抵触。

写带货软文也是同样的道理，你要给适合的人推荐适合的产品，要为他们描绘好的景象，而不是描绘一些不符合当下的东西。

5. 刚需产品解决信任，非刚需产品解决动机

没错，并不是所有的东西都是刚需产品。在我们推荐的产品中，也有很多都是非刚需类的产品。

什么是刚需产品？像大米、衣服、水等，一定是和你的生活、工作密切相关的。

什么是非刚需产品？那就是汽车、护肤品、游戏等，可以有，也可以没有，有了只是让生活、工作变得更好而已。

推荐刚需产品，首先应该思考一个问题：为什么别人要选择你？非刚需的产品则需要你更多地思考这样的问题：为什么要购买产品？

如果你没有认清刚需和非刚需的区别，那么你的文案就无法激起读者的购买欲望。

6. 引导用户购买而非强制要求

如果前面的思维是一颗颗"重磅炸弹"，那么这个思维可以称得上是"核武器"。这也是很多文案人工作很多年却始终克服不了的"陷阱"。

因为每个人都相信自己的判断，你仅仅是强说自己的产品好，这根本没

有用，只有让对方感觉到你的产品是好的，才可以激起读者的购买欲望。

因此，你的文案要娓娓道来，而不是极其直白地告诉别人，你买吧，不买就会后悔。这反倒会造成别人的反感。

如果你已经掌握了这 6 种带货思维的话，相信你已经摆脱了传统写作的套路，开始拥有带货思维了。现在，让我们开始写一篇优秀的带货软文吧。

【本节作业】

说一说带货文与传统文章的区别，除了以上 6 种误区，你还踩过哪些坑？

第3课 如何利用万能思路快速成文

有人说，写带货软文好难。因为带货软文的形式有很多种，不知道甲方需要什么样的文案。但是，一篇软文的布局也是有固定模板的。那具体该怎么做呢？下面给大家详细讲解一篇带货软文的谋篇布局。

3.1 引人入胜的标题

先举几个软文标题的例子：

《她27岁，2年赚100万元，普通女人逆袭的唯一出路》

《好物：晒10次被子不如用一次它，穿上干净全家少生病》

《披上它就不驼背了！肩颈不酸痛，舒服得像被人拥抱》

这几个标题，都是带货软文的标题，跟我们平时写的标题很类似，目的都是吸引人点击阅读。那么，具体该怎么写带货软文的标题呢？

给你介绍4种方法：

1. 新闻报道式标题

相比直接粗暴的广告，人们更喜欢阅读循循善诱的新闻报道的内容。其次，新闻报道更具权威、新颖性，更吸引读者。

像这个标题：《硅谷2017年新发明：喝这杯饱含油脂的咖啡，居然能减肥》，这里的"硅谷2017年新发明"，就是用了新闻报道的写法，一看就很权威。

还有"好莱坞""苹果""阿里巴巴""中央电视台"等都可以作为主角，

我们的标题带上这些词，权威性一下子就树立起来了。

其次，我们还可以加入即时性词语：现在，这个周末，这个冬天等等。发生在最近的事情，人们都会特别关注。

再次，还可以加入重大新闻常用词：全新，新款，最新到货，最新发明，全新曝光等等。苹果最常用的就是，新款苹果价格曝光……很多人就会很好奇，感觉有重大事情要发生！

2. 好友对话式标题

我们先来看看这个标题：《微信文案大咖战绩辉煌，周六线上授课》，你看了这个标题有什么感觉？是不是没有感觉？

我也是，看了这个标题，丝毫无法引起我的阅读兴趣。这位大咖很牛，周六讲课，但是跟我有什么关系？

但是，如果改成下面这个：《他写微信软文赚了1173万元，愿意手把手教你文案秘籍——只在这周六》。大家读了是不是就非常感兴趣呢？

这里就用了好友对话的方式，手把手教你，就好像你身边的死党或者闺密跟你对话一样：我们一起来学习吧。相信大家都不会拒绝。这篇软文推出后，4天阅读量7603次，售出了1167张门票，是第一个标题推文的2倍。

所以，采用好友对话方式的标题，好处很明显，可以拉近距离，吸引读者，引发好奇，提高阅读量，进而提高转化率。

3. 实用锦囊式标题

我们来看看这个标题：《1年读不完1本书，学会这个方法，1年读完100本经典好书》。这个标题采用前后对比的方式，突出了这个方法的实用性，让你看了就想点进去阅读。

这种写标题的方式，就是直接指出读者的烦恼，迅速吸引他的注意力，让他感觉"太好了，我正好需要"，接着在文章中给出指导方案，读者就会下单。

4. 优惠惊喜式标题

像这个标题：《一年卖15亿，这碗热干面好吃到爆，武汉人都说地道！限量第二份半价！》，就直接给出优惠，吸引读者点击阅读！

写这种标题，最重要的是告诉读者产品最大的亮点：人气旺、销量高、功能强大，明星都在用，媲美大牌，刺激人们的购买欲，再加上限时限量，转化率就会更高。

3.2 开头吸引读者阅读

软文的开头有很多种方式，可以用故事开头，可以用热点新闻开头，还可以用最近火爆的抖音短视频作为开头，像下面这个10万＋文案：

你觉得什么样的人才算是文化人？

最近讲盛唐诗歌的戴建业教授爆红网络，完美地解释了什么才是文化人。戴建业教授讲的《归园田居》，在抖音上单日点击量突破2000万次，点赞70万次。尽管戴建业教授带着浓厚的湖北方言，但网友的评价是"我想回去上课了"，觉得他讲的诗词内容接地气，幽默风趣，瞬间被戴建业教授圈粉。

最近抖音上流行一个梗，海边的浪花一浪接一浪拍着沙滩，别人吟起"风翻白浪花千片，雁点青天字一行"。

你在旁边奈何自己没文化，只能一句"我去，浪好大"。

这是在自嘲？还是把无知当个性？

上面的这篇卖古诗词课的软文，单篇销量10万＋，在公众号阅读有下滑趋势的大环境下，还能够取得这样的销售业绩，非常难得。

这篇带货软文就是采用戴建业教授在抖音火了的小视频作为切入点，以此引发读者的阅读兴趣！

还有其他几种带货软文写作方式，在这里就不一一介绍了。但是总的来说，最好的两种方式就是：分析痛苦和描绘好处。

分析痛处就是阐述一个现象或者观点给自己带来的坏影响。比如说肥胖问题，我们就可以举例，太胖会给身体和心理带来沉重的负担。而描绘好处就是阐述一个现象所能够带给我们的好处。比如还是肥胖问题，我们不去描绘肥胖症带给我们的烦恼，而是说，自从使用了某产品，我们明显变得更加苗条了。

这两种方式，都可以快速吸引读者的注意。只有吸引了读者的注意力，读者才会进一步阅读你下面的内容。

3.3 正文要激发读者购买欲望

软文最重要的一点就是刺激读者的购买欲，无论是标题还是开头，都是刺激读者购买的铺垫。正文部分，就要进一步激发读者的购买欲望，才有可能促使读者下单。具体该怎么做呢？

1. 描述场景

我们来看看这段描述：

早起，转进巷子里的老面馆，叫一声"老板下碗热干面"，老师傅便将掸好的热干面，在沸水里煮六七秒捞出，浇上芝麻酱、卤水，拌上各式调料，客人自己加红油辣椒、酸豆角、葱花，然后自己上下翻飞拌匀，霎时香气四溢，端着碗边走边吃，一碗下肚酣畅淋漓，便开启了神清气爽的一天……

这是武汉热干面的销售软文。这段描述正是吃热干面的场景：早上，老面馆，边走边吃……非常详细，跟我们的日常生活密切相关，我们很容易被代入其中，跟着文章的节奏走，非常有利于后面的成交。

2. 竞品对比

这个方法来自《影响力》一书：两件东西不一样，我们往往会认为它们之间的差异比实际的更大。

没有对比就没有"伤害"，没有"伤害"，你就无法让消费者放弃旧的品牌，接受你的产品。所以，软文要提升转化率，一定要加入竞品对比！

我们该如何写呢？把握这个原则：描述竞品，品质差，价格高；描述我们的产品，品质好，性价比高。顺序是先描述竞品的性价比，接着再展示我们的产品，我们的产品就会显得格外的好。

3．感官占领

这个技巧在写食物软文时特别重要，像前面讲到的武汉热干面的例子，里面有一段描述：

石磨芝麻酱，滋味醇厚，调和得稠而不澥，包裹着劲道的碱面，满口芝香浓郁……酱汁沾染唇齿，也顾不得形象，一口接一口，一分钟就能吃完一碗面……

通过描写吃面时候的味觉、嗅觉，还有视觉，从而达到占领我们感官的效果，让人们看了文字就好像吃到那香气四溢、爽滑无比的武汉热干面一样，非常吸引人。

我们可以假装自己是顾客，重新体验产品的感觉，把自己的眼睛、鼻子、耳朵、舌头、身体和心理体验到的感受记录下来。你体验产品的愉悦，通常也能透过文字来感染到顾客。

4．激发恐惧

台湾奥美有一篇文章《我害怕阅读的人》，里面的内容激发了读者深深的恐惧："一跟他们谈话，我就像一个透明人，苍白的脑袋无法隐藏。""他们的一小时，就是我的一生。"看完后，我立马滚去阅读了。

这就是激发恐惧的好处，让人行动。而软文很重要的一点就是让人做出成交动作。当你能够戳到读者的痛点，以及将要面对的严重后果时，你的产品就可以很好地解决他的痛苦，他就会行动。

以上就是激发读者购买欲望的四种方法。

3.4 赢得读者信任

当文章激起客户的购买欲时，是不是就可以让客户下单了呢？还不行，客户还会有很多疑虑，如这个产品是否安全，有没有用，买的人多不多，与其让客户问题停留在脑海，还不如在文中一并解决，进一步促成交易。

接下来，给大家讲解如何解决客户的信任问题。具体有以下几种方法：

1. 权威转嫁

我们很多人卖产品卖久了，就会觉得自己的产品举世无双，世上任何产品都没有我的产品好。可是，一味地自我陶醉，自卖自夸，不听取用户的任何意见，是一件很危险的事情。卖花的都说花香，但是读者不会买单，因为相比普通人，他们还是更加相信权威。

所以，不要只在文章中自说自话，王婆卖瓜，夸自己的产品有多好，而是要把权威人士或者机构的认证拿出来。相比你的一面之词，读者更相信权威人士或者机构的证言。现在，产品的同质化太严重了，消费者左右为难，该如何选择？跟随权威，权威人士或者机构的推荐，一般不会错。

我最近买的小爱音箱，它的详情页中就写道：它获得了红点设计大奖（在设计界有非常高的地位）。

除了高地位，还可以塑造权威的"高标准"。像很多护肤品牌，都会在软文中展示权威检测机构的证书，好让读者放心使用它的产品。

2. 事实证明

奥格威的一句文案：这辆新款劳斯莱斯时速达到 96 公里时，车内最大的噪声来自电子钟。

车内有多安静，不言而喻。开过车的人都知道，时速 96 公里，发动机的轰鸣声，公路的嘈杂声，会有很大的动静。而这辆车，最大的噪声来自电子钟，这就很好地解释了这辆车的优越性能。

我们要用事实证明来赢得读者的信任，除了给出比较直观的性能、数据，还可以连接到我们熟悉的事物，例如，电子钟的声音，我们都很熟悉。这些很容易让读者产生代入感，获取读者信任。

比如很多卖护肤品的推文，有非常多的测评，这也是一个事实证明。

3. 化解忧虑

很多软文转化率差，是因为没有解决读者担忧的事情。譬如，读者用了这款护肤品，能否改善肤质；听了这堂课，能否解决当下的疑惑；买了这种食物，是否安全……当这些忧虑没有得到解决时，你讲再多优惠，限时限量，都是徒劳。

那么该如何化解忧虑呢？我们可以在文章中主动提出读者可能担心的问题，如产品问题、服务问题、隐私问题……把自己当作一个消费者，问自己，如果要买这款产品，我会担心什么，将问题逐一列出来，整理好写进文章中。因为你所担心的也正是读者所担心的！

4. 顾客证言

最好的广告是什么？是明星代言吗？不是，是买过你产品的消费者。他们用过，好不好用，直接看他们用后的反馈，这是最好的广告！

有一个文案大咖说，有一个网站，做得很简陋，但是成交率非常高。其中，很重要的一个原因就是网站里面有大量的顾客证言。当读者看到很多跟自己同频的人下单、好评，内心肯定会被深深地触动，很有可能跟随下单。

心理学有一个"社会认同原理"。比如，我们看到一家店铺前排起了长龙，我们就会跟着去排队；我们去淘宝购物，看到月销量好几万，也会跟着买……所以，在软文中，顾客证言必不可少。

那么，如何获取这些证言呢？

我们可以在品牌社群或者客户回访中收集，但要注意的是，收集的内容要击中客户的痛点，满足客户的需求！

3.5 结尾引导下单

前面激发了购买欲，还赢得了读者信任，文章最后也不能放松，否则，煮熟的鸭子到嘴边也会飞掉。我们还得继续引导客户，让客户立即下单！具体有以下四种方法：

1. 价格锚定

价格锚定跟我们之前讲的认知对比很类似，我们先是给读者一个很贵的价格，然后展示我们的低价，读者就会认为我们的价格很实惠。

有一个广告很搞笑，说：法拉利没有你想象的那么贵，一斤的价格比小龙虾还便宜。

还有一些课程，定价99元，只需告诉读者，3杯咖啡的价格，就能够学到我几十年总结的经验，实在是太超值了，买买买。

我们很多时候不知道一个产品贵不贵，担心买贵了，想着会不会有更便宜的。比如逛商场，很多人喜欢货比三家，网上购物也是如此。与其让读者犹豫，不如我们直接展示给他们看，减少他们的麻烦，也促使他们下单！

2. 算账

读者下单前会考虑产品是否物超所值。如果不是物超所值，那么他就可能不愿意下单。这时候，你就可以帮他算一笔账。最常见的方式就是把费用平摊到1年365天，99元平均下来，我们会发现，每天就几毛钱，真的不需花费多少钱，这样读者就更容易接受。

另外，我们还可以帮他们算，如果用这款产品，其他支出会省下多少。

之前有一家做省电设备的，他们的设备价格很高，但是可以帮企业省下不少电费。一年下来，节省的费用就超过购买设备的费用了，用一年就回本，用两年就赚了。只要让客户感到买到就是赚到，客户就会心甘情愿地掏钱！

3. 正当消费

当客户看上了一种高档产品，但是价格很贵，不想买，不想给自己造成心理负担，付钱的时候就会变得很犹豫。这时候怎么解决呢？

如果你是卖课的，可以告诉他，买这个课能够提高效率，加速他的学习成长。这在无形之中会促使他升职加薪。如果你是卖产品的，可以说送礼：送礼给朋友，增进感情；送给家人，加深亲情；送给子女，让子女更加聪明……

当读者觉得自己的消费不是为了享乐，而是为了提升自己，为了事业的进步，为了增进友谊，为了维护亲情时，他就不会觉得有心理负担，下单就会更加迅速。

给他一个理由，就可以提升你的成交率！

4. 限时限量

客户在掏钱的时候，会犹豫、拖延，甚至不了了之，但是我们的目标是让他立即下单，怎么做？

告诉他此时不买，就会吃亏。

这里用到的方法就是限时限量。告诉读者，现在的优惠是限时限量。如果错过，产品就会涨价，甚至销售一空。他原本还会犹豫不决，此刻，他就会立即行动！

像前面武汉热干面的例子，文末也是有限量的："下单第二份半价优惠，限量2000份，售完即止。"

如果加上限时，效果估计会更好。但是有些软文是长期有用的，就不必加上限时，否则，后来看到的读者可能就错过了。具体是否限时，还得看情况。

最后总结一下：

我们接到软文写作任务的第一步，就是先了解客户需求，多问几个问题，详细了解后再去构思，收集素材。

第二步就是明确软文的目的，是宣传品牌还是卖货。如果是卖货，可以按照下面这个框架来构思：

（1）引人入胜的标题：新闻社论式标题，好友对话式标题，实用锦囊式标题，优惠惊喜式标题……

（2）开头要吸引人：用故事或者热点来切入。

（3）正文要激发读者的购买欲望：描述场景，对比竞品，感官占领，激发恐惧……

（4）赢得读者信任：权威转嫁，事实证明，化解忧虑，顾客证言……

（5）结尾引导下单：价格锚定，给读者算账，正当消费，限时限量。

最后，叮嘱大家一句：写软文还是需要平时多练习，接到单子的时候才能快速出文，不用想大半天，错过时间。例如场景描写，你平时就可以经常训练。

祝愿大家在软文写作的道路上赚到更多钱，通过写软文实现财富自由！

【本节作业】

利用带货软文的快速成文公式，撰写一篇水果带货软文。

第4课 学会这3个方法，让用户下单

带货软文的最终目的是成交和下单，所以今天给大家介绍几种方式。相信，通过这三个方法，你也可以分分钟让用户下单。

1. 故事＋解决问题＋产品引入

举个例子：比如之前我看过一篇软文《"老公工资2万元，我全职在家月入5万元"：再好的婚姻，都要谈钱》：

钱，永远是女人最可靠的安全感。

静文是个二宝妈妈，自从生了二胎，就辞职在家带娃。

毕业于舞蹈学院的她，身姿窈窕，气质优雅，可自从生完两胎后，这些曾让她引以为傲的资本都毁了：身材走形，忙着照顾孩子，也完全没工夫打理自己的形象。

更让她崩溃的是，刚开始家人还会感激她的付出，可时间久了，很多问题暴露了出来：

丈夫觉得是自己在养着她，对她的态度越来越随便；孩子觉得妈妈就是个"打扫卫生"的，从不把她说的话当回事。

她也尝试改变，但左手是孩子的屎尿屁，右手要照顾全家人的饮食起居，分身乏术，有心无力。

首先，我们来看看文章的开头。作者讲了二宝妈妈静文的故事。静文全职在家带娃。在很长的一段时间里，她都是全职保姆，身材走形，甚至没工夫打理自己的形象，等等。

用故事做开头的好处就是营造真实感受，让其他客户感觉主人公跟自己是站在同一条起跑线上的，大家过着同样的生活。这样显得非常亲切。

她开始跟着我学习理财知识。短短一周的时间，她就掌握了什么是生钱资产，什么是耗钱资产，以及该怎么配置资产，才能让钱生钱。

光是学习笔记，她就记了两大本。用她的话来说，做好了功课再去理财，才是手中有粮，心中不慌。

面对这样的窘境，仅仅难过是不够的，于是这里作者给出了解决的方案。

作者带领静文学习理财知识，掌握了什么是生钱资产、什么是耗钱资产，还有其他理财知识，从而让静文从一个家庭主妇变成了一个赚钱能手。最终静文实现了人生逆袭，收入成为老公的 2.5 倍!

这就是典型的解决方案。看到这里，很多读者就会产生十分强烈的期待，因为静文这样的家庭主妇都可以月入 5 万元，自己又有什么不可以呢?

你和富人之前差的不光是钱，还有理财的思维。人人都缺少一堂人生理财课。

要想让自己富有起来，千万别想着只靠死工资，而要学会让手头的收入为你"钱生钱"。如果你有 1 万元：在手里放一年，还是 1 万元，而且还会贬值；在银行放一年，利息也就 200 元，还不够买一件衣服；但如果你会打理钱财，可能就会赚到半个月的工资；然而这仅仅是 1 万元而已，如果是 10 万元，那你可能躺赚 1 万元。

一样的本金，不同的处理方式，产生的收益却是天差地别。

这就是学会理财的意义。

你是想让你辛辛苦苦工作赚的钱为你产生收益，还是想让它静静躺着，不断贬值呢?

那么到这里，就是我们该引入产品的时候了。

静文通过学习理财变成了赚钱高手，那么她是在哪里学习的? 又是如何学习的呢？所以，此时此刻我们就可以顺理成章地引入产品了。

文章里写道："一样的本金，不同的处理方式，产生的收益却是天差地别。"这就是学习理财的重要性。

好了，到这里我们的第一个方法"故事＋解决方案＋产品"的方式已经讲完了。其实大家可以通过观察生活，收集各种各样的素材，这些素材很可能会成为我们日后撰写文案的资料。在这里需要注意的是，故事案例可以是名人，也可以是现实生活中的普通人，甚至可以是我们臆想出来的非现实中的人，但是，故事结构要合理且逻辑自洽，不然就会落入胡编乱造的范畴。这类夸大事实的故事，各个平台都是严厉打击的，大家一定要注意。

2. 热点＋正反对比＋产品

什么是热点？就是在某个时间段，被大家广泛热议的事件。比如前段时间陈数主演了一个电视剧《完美关系》，很多写作者为了蹭热点，从不同的角度写了关于陈数的故事，有人写她的衣品，还有人写她的身材。

我们培训营也接到了电视剧的宣传推广任务，因此也写了一篇推广软文，标题是《43岁陈数碾压36岁佟丽娅：气质，是女人对抗岁月最好的良药》。

我们看一下开头：

不管是在日常生活中还是在电视节目上，漂亮的女孩子都随处可见。

但是如果有人问你，一个真正的美人，到底美在何处？

我想很多人都会说：长得好看就是美。

虽然不能否认，但好看的皮囊终究千篇一律，真正的美人，她是美在骨子里，魅在骨子里，并非皮相！所以古人才有"美人在骨不在皮"。

比如前段时间因为出演《完美关系》而再度火爆的陈数，虽然已经43岁，但气质一度碾压36岁的佟丽娅。

这篇软文开篇用了一个设问句：如果有人问你，一个真正的美人，到底美在何处？我想很多人都会说：长得好看就是美。

随后文章提出一个观点：好看的皮囊千篇一律，并没有新意，只有美在骨子里的人才是真的美。

通过这样一个观点来引出：美人在骨不在皮，保养和锻炼才更重要。

一身职业西装，伶俐又不失凹凸有致，瓜子脸、天鹅颈、一字肩，一举一动，一颦一笑都展示了性感和魅力。

紧接着，作者便以《完美关系》的陈数为例，再次论证了内在骨子里美的好处：虽然陈数已经 43 岁，但是瓜子脸、天鹅颈、一字肩，一举一动、一颦一笑都展示了性感和魅力。

为了突出好体态的重要性，作者采用了并列结构，连续举例《庆余年》里的宋轶和被称为"神仙姐姐"的刘亦菲，这些例子无非都是加深读者对体态重要这一印象的手段。

年初，宋轶在《庆余年》剧里饰演范若若一角再次大火，穿着浅粉色的裙装，提着裙子灵动地向我们跑来，仪态美丽大方，处处透着高级感。

此外，一直被网友以"神仙姐姐"称呼的刘亦菲，多次因为天鹅颈、少女背而上热搜。即使身材有些微胖，但体态好，整个人也就有了高级感。

但是，光写正面的美好还不够，我们必须从反面刺痛一下读者。这时，作者又提到了杨幂的一张不修边幅的照片，用来和好体态所带来的好气质形成了强烈的对比。

再美貌的人，一旦驼背、含胸、耸肩，看起来也是虎背熊腰，没精神，更没气质，就连大幂幂每次在气质上，也输给了刘诗诗一大截。

这么写有什么好处呢？

在这部分内容里，作者直接展示了两位明星的对比图片，给读者直观的感受，让读者清楚地看到，杨幂和刘诗诗的区别。这不仅让大家相信了"好体态会更美"的观点，还让许多人对怎样拥有"好体态"产生了兴趣。

这个时候，就轮到产品登场了。作者给出了一胖一瘦同一人的不同照片。

然后写道：

左边的照片是高中时候的周莹老师，耸肩、大圆脸，甚至还有些"肥胖"的她，在同龄人中压根不起眼。

右边的照片是现在的周莹老师，小V脸，天鹅颈，一字肩，优美的坐姿，无论是从体态还是气质上都发生了巨大的变化。如果不说，你会怀疑这是两个人吧？

18岁以前的周莹老师和很多女孩子一样，埋头苦读，笃定相信那句"腹有诗书气自华"。

但当心仪的男生拒绝她的表白，转身牵手一个唇红齿白，巧笑盼兮的女孩后，她才知道内在才华虽然胜于表面的容貌，但才华是需要深入了解才会被发现的，人们往往执着于眼睛看到的东西。

这件事情让她意识到：要实现自己的目标，美貌和智慧都是不可或缺的武器。

于是，她开始对所有变美的专业进行钻研，一有空就去蹭文秘专业的仪态课、形象塑造课，表演专业的形体课，积累了不少美学知识。

如何让自己的体态更美呢？这里就给大家介绍一个教授体态课程的老师，她就是通过自己从实践中总结的一套方法，让自己变得更优秀，进而还影响到了其他人，把美好传递了出去。

再接下来，介绍如何购买这套课程就会顺理成章，毕竟大家已经对变美产生了很大的期待。

这就是一个很典型的热点＋正反对比＋产品的例子，大家可以模仿着进行写作。

3. 痛点＋故事转折＋产品

这类软文的代表作品我们举个例子：《生活的大部分烦恼，都是因为没钱》。大家看一下这篇文章的题目就会感到非常扎心。因为钱是我们的刚需，没有钱是大多数人的常态，所以看到这篇文章的题目，我们自然就有想点击进去一探究竟的欲望。

让我们一起来看一下文章的开头：

亦舒曾在《喜宝》一文里写道：

"我要很多很多的爱，如果没有爱，那么就要很多很多的钱。"

不能同意更多。

也许你说，人不能太"肤浅"，有情饮水饱嘛。

事实上，我看过太多人勇敢裸婚，无房无车无彩礼无存款，就冲着一颗他爱她的心。以为只要有了爱情，什么都会慢慢有的。结果呢？不出 2 年，就暴露出各种矛盾：

孩子出生想找月嫂，没钱……长大后上学要学区房，没钱……忙了一年想去度假旅游，没钱……最怕父母一场大病突如其来，没钱……

这篇文章开头写了亦舒的一句话："我要很多很多的爱，如果没有爱，那么就要很多很多的钱。"

随后，作者亮明观点：不能同意更多。但是随后就提出一个观点，爱情无法给予一个人的全部，但钱却比爱情更安全。

作者列举了四个非常令人心痛的现象：孩子出生想找月嫂，没钱；长大后上学要学区房，没钱；忙了一年想去度假旅游，没钱；最怕父母一场大病突如其来，没钱。

这就是一篇典型的以痛点开头的文章，作者上来就告诉你：有钱可能比其他东西更重要。

紧接着，作者话题一转，讲了一个二宝妈妈的故事，虽然现在看起来非常的光鲜靓丽，但是两年前，也是经历了很多痛苦和迷茫的：

前几天，静文发朋友圈说："定义你的从来不是年龄，而是你的价值。"

配图是和两个宝贝娃外出旅游，她身穿优雅长裙，笑得特别好看。

然而，这样一位幸福感爆棚的小女人，也曾步入人生的低谷期。

婆婆经常板起脸来嘲讽她："你不挣钱，还不都是靠我儿子养着你。"

就连最信任的丈夫，一提起钱也吵得耳红面赤，心里拔凉拔凉的……

我能深深地感觉到她的绝望——没钱，没地位，没话语权。

当了解静文的家庭财务状况后，我发现她完全不懂管钱。

日常开支全靠向老公要钱，每笔钱用得小心翼翼，生怕多花一点就没了。

她也想像其他宝妈一样理财，用钱生钱，但又担心亏了，被老公婆婆骂没用……

我告诉她：你知道康波理论吗？每个人一辈子都能遇到 7 次机会，只要你能抓住 1 次，就能让人生彻底翻盘。

但前提是，你要掌握其中的规律，而不是糊里糊涂地被割韭菜。

于是，她一边带娃，一边开始跟我学习理财知识。

随后作者介绍了二宝妈妈静文是如何从一名绝望的宝妈，开始学习理财进而成为月入 5 万元的优秀白领的。文章通过一个普通宝妈的逆袭之路告诉我们，其实普通人一样可以通过掌握某些技能变成一个赚钱高手。

再接着，作者便引入产品。二宝妈妈静文是通过什么来赚钱的呢？自然是学习理财知识。在哪里学习理财呢，他告诉你：

我是国家级理财规划师封贺。实话说，我的生活也是靠理财得到改变的。从前，我只是一个"大专毕业"的穷小子，比很多普通人的起点还要差。但在短短的 3 年内，我完成了从负债 6 万元到身家千万元的转变。现在回头来看，这 3 年里最可贵的财富不是钱，反而是：我找到了普通人能够复制的赚钱方式。

你看，通过这个公式"痛点＋故事转折＋产品"，我们同样可以自然而然地引出产品。没有一点强买强卖的意味，就可以收获一拨客户。

在前面，我给大家介绍了三种带货软文的写作手法，分别是"故事＋解决问题＋产品""热点＋正反对比＋产品""痛点＋故事转折＋产品"，而这三种方式，基本上可以涵盖带货软文的所有类型和要求，希望大家能熟记这三种结构，写出成单量暴增的带货软文。

【本节作业】

采用本节讲到的一种带货软文撰写方式，为一款瘦身产品撰写一篇带货软文。

第5课 书籍类带货软文实操案例解析

在带货软文中，有一类是比较中规中矩的带货类型，这一类就是书籍类带货软文。为什么说它是中规中矩的一类呢？原因就是，书籍既不是刚需，也不是新鲜品类，有些人甚至觉得读书是一件很无趣的事情，因此书籍类的带货软文写起来并不简单。

那么如何让一本平淡无奇的书变成畅销书呢？这就需要我们了解书籍类带货软文的写作方式和方法。

下面，我就为大家介绍一下书籍类带货文案到底应该怎么写？

在这里，我们以《平凡的世界》这本书的带货软文为例，分析一下书籍类带货软文的一贯写法。这篇文章的作者是今日头条自媒体作者"牵着蜗牛去漫步"的一篇带货软文。我们先来看第一段：

1992年寒冬，穷了一辈子的路遥死了，年仅42岁，让人意想不到的是，获奖无数的他唯一的遗产竟然是10000多元的借条。路遥死后，潘石屹有一天突然跑去延安大学看路遥的墓地。墓地的简陋和破烂让潘石屹含泪沉默了许久。临走之前，他给延安大学的校长留下100000元和一句话："修缮一下路遥的墓吧，他那么伟大，不该如此。"

1. 开篇暴击

42岁死了，遗产竟然是10000多元的借条，潘石屹留下100000元，称他"那么伟大，不该如此"。

为什么要称它为开篇暴击呢？因为在这段话里有几个点让人百思不得

其解。

首先，死得早。年纪轻轻的路遥42岁就死了，为什么死了呢？这就为下面的内容做了一个铺垫，引导读者继续读下去。

其次，十分穷。遗产只有10000多元的借条，然后潘石屹给延安大学的校长留下100000元。这就给读者留下一个印象，路遥实在是太穷了。一个知名作家这样穷，不应该啊。

最后，留下悬念，本不该如此。为什么潘石屹说他伟大？为什么他本不应如此呢？

以上三点，都对人们的认知产生了巨大的冲击。

之前我们说到带货文案往往会用到"正反对比"这种写作手法，但是书籍，尤其是讲人物的书籍，我们很难去找寻竞品的不好，那么我们怎么让读者产生购买欲望呢？只能通过找寻人物本身的矛盾点来激发读者的购买欲望。

而"死得早、没有钱"、别人评价"不该如此"，这些通通展示了人物的矛盾点。

路遥的两个特质被作者抓住："穷"和"伟大"，同样产生了认知对比的效果。

2. 放电影

去世三个月前，因为穷，路遥在病床前无奈地签下了离婚协议书。

去世前两个月，路遥泪流满面地感叹："我那老婆怎就跑了呀！""等我出院以后，我先回王家堡老家，让我妈把我喂上一个月。我妈做的饭好吃，一个月就能把我喂胖了。"

病危期间，路遥念念不忘中学时因为饥饿偷吃西红柿的事。

去世前三四天，路遥对去看望他的人说："我这十几年，吃的是猪狗食，干的是牛马活。"

去世前一两天，路遥仍对生命充满向往："生活太残酷了，我一定要站起来……"

临去世的那一刻，路遥痛苦地在病床上缩成一团，嘴里却是呼喊着："爸爸妈妈还是离不得，爸妈亲着哩……"

在这里，作者按照路遥去世前三个月、前两个月、前三四天、前一两天，最后到临去世的那一刻，一步步地讲述他生活的悲惨和对生命的眷恋。就如同放电影一般，随着时间推进，展示路遥直到生命的最后一刻。这样做的好处有两个：

第一，告诉那些并不了解路遥的读者，他到底是个怎样的人，以此激发读者首先熟悉《平凡的世界》的作者。

第二，大多数人都喜欢听故事，以这种放电影的模式来展示路遥对生活的眷恋，让读者的脑海里拥有画面感，也更容易产生共情。

3. 时光机

路遥出生在陕北农村，他的家是那块贫瘠土地上的赤贫。

为了能混口饭吃，路遥很小就被过继给了大伯。那天，父亲送他去大伯家时，用身上仅有的一毛钱给他买了一碗油茶。

路遥问，您怎么不喝？

父亲说，你喝吧，我不喜欢喝。说完便背过去偷偷抹眼泪。

读书时，好多同学在裤口袋里装上几个钢镚，走路时叮当作响神气极了。一个子都没有的路遥，偷偷在兜里装上几个螺丝钉，用螺丝钉的叮当响维护着自己可怜的自尊。

童年被过继给大伯，青年时被初恋抛弃，临死前被迫离婚。路遥的一生，是苦难的一生，开头、过程和结尾都很惨！

在文章的这一部分，作者又一次把读者的感情拉回到了路遥的童年，详细描述了路遥小时候的辛酸：父亲把仅有的一毛钱给路遥买了一碗油茶；在口袋里装着螺丝钉让其他同学以为自己有钱。

其实，第二步的放电影和第三步的时光机是如出一辙的效果。在很多时候，我们只需要放电影和时光机的其中一步就可以了。但是，作者此处同时用了这两个步骤，目的就是让读者加深对路遥的印象，同时让读者愿意为这么艰辛且穷的路遥形象买单。

4. 转折＋引出卖品

但在苦难中间，路遥靠自己坚强的毅力和才华，抒写了波澜壮阔的诗篇，升华了自己的人生，影响了无数人！

为了写好《平凡的世界》，他翻遍了十年来的《人民日报》，一直翻到指纹都被磨没了，还是用手掌接着翻。为了写好煤矿工人的世界，他下煤矿体验生活，用大筐背煤，越累越好。他要求自己必须写出真情实感。

倾注了路遥全部心血的《平凡的世界》，在1991年斩获中国文学最高奖——茅盾文学奖。可讽刺的是，他连去领奖的路费都没有。借钱给他的四弟劝他不要再中奖了，因为奖金根本就管不住来回的花销，更别说管住写书时的烟钱。

终于凑齐路费的路遥进京领奖，上火车前，只吐了一句话："日他妈的文学！"

路遥在生前无数次想放弃写作，因为码字没有办法养家。写完《平凡的世界》后，他把钢笔扔出窗外，发誓再不写作。隔天，又跑出去捡了回来。

开头的一个"但是"，成功地把读者带入了路遥创作《平凡的世界》的过程中。作者依然是围绕着路遥的穷，领奖还不够来回的路费，来对比路遥对创作的热爱。接着，作者又讲到路遥扔掉钢笔，又捡回来的故事，再一次印证了路遥用生命在创作的过程。进而，让读者再次觉得路遥是个真正的作家，他的事迹令人动容。

5. 赢得读者信任

在他死后15年，挚友贾平凹写文追悼：他是一个优秀的作家，是一位出色的政治家，是一个气度磅礴的人。但他更是夸父，倒在干渴的路上。

有人说，路遥如果不是早死，最有可能问鼎诺贝尔文学奖。

作家高建群说：一个作家去世20年，人们还在热烈地怀念他，还在谈论他的作品，这是对作家最高的奖励和荣誉。

董卿在《故事里的中国》中含泪说：路遥用生命最后的6年时间，舍身献上的《平凡的世界》是一部气势恢宏的历史画卷，也是一部荡气回肠的生命交响曲。一直到今天，30多年过去了，《平凡的世界》依然是各大高校借阅量最大的图书。为什么？因为有太多太多的人，在孙少安、孙少平的身上，看到了自己的影子。路遥给一切卑微的人带来了希望、勇气和光亮！

在这里，作者利用"专家权威"，分别引用了贾平凹、高建群、董卿的评价，再次赢得读者信任，说明这本书的巨大价值。

6. 激发购买欲望

《平凡的世界》影响了一代又一代的人，累计销量就已近2000万册，如今还以每年300万册的销量递增。

在这里，作者利用销售量的巨额数字刺激读者，来证明图书的畅销程度，同时再一次印证了图书的巨大价值。

7. 二次赢得读者信任

马云说，在他艰难创业的时候，是《平凡的世界》改变了他，让他意识到，只要不放弃，就会有希望。

潘石屹读了7遍，他说："每一次的人生低谷，觉得这个坎过不去了，我都要拿起来读一遍，以至于每个细节都记得很清楚。"

再一次借用马云、潘石屹的话，证明这本书"影响了一代又一代的人"，信任度二次提升。

8. 引导下单

生活不易，生命本多磨难，对于我们每个人来说，总有坚持不下去的时候。在你迷惘和无助的时候，就去《平凡的世界》里找答案！

利用感情需求，引导下单。

《平凡的世界》全套三册，现在正值平台读书节，原价 108 元的 3 本，限时秒杀，只需 79.8 元！

设置价格锚点，再次引导读者下单。

只要一场电影的钱，却能让你在逆境中得到希望、勇气和光亮；能让你在顺境中得到感动、感恩和珍惜！

这一场精神盛宴你值得拥有，点击图片下方的"看一看"就可下单购买！

指明具体的下单方式，提醒大家不要错过。

至此，我们将推荐路遥的作品《平凡的世界》的带货软文做了一个详细的拆解。从这篇带货软文，我总结出以下几条经验：

（1）条理清楚，采用放电影的形式，给读者整体介绍了路遥的生活和创作世界，让读者快速了解了路遥这个人。

（2）整篇文章，语言富有感情，很容易激起读者对路遥的敬佩进而产生情感上的共鸣，促成购买。

（3）书籍的评价、介绍以及书籍的权威性，包括购书福利和购买方式，都讲解得非常清晰，不会让读者看完仍有疑问，整体内容十分完整。

以上就是我们对书籍类带货软文写作方法的介绍，期待大家通过书籍类带货文的学习，都可以边读书、边带货，让更多的人读到真正的好书，同时，还能给自己带来一份副业收入。

【本节作业】

请给商业类书籍《任正非自传》撰写一篇带货软文。

第6课 食品类带货软文实操案例解析

说到食品，大家想到的是什么呢？可能我们脑海里第一个浮现出来的词就是"吃货"。没错，相较于书籍，食品简直可以说是自带流量，因为食品是人们的刚需，每个人都要吃饱穿暖，因此，食品类带货软文更容易出单。

下面我们还是以拆解一篇带货软文为例，这篇文章的题目是《"不播了，这荔枝不好吃"薇娅直播间发火，网友：荔枝吃多了上火？》

1. 热点切入＋引发好奇

前天晚上，薇娅正在跟员工一起做公益助农直播，助理端上一盘荔枝，薇娅看到后突然大发雷霆，说完便离开了直播间，到底发生了什么？

首先是热点切入。大家都知道，目前直播带货风靡全国，而且知名女主播薇娅更是一个拥有着千万粉丝的直播达人，她和李佳琪都是目前的顶尖主播，自带流量。因此薇娅带货的热点事件很容易引起读者的兴趣。

其次是引发好奇。作者在故事的开头提出疑问："助理端上一盘荔枝，薇娅看到后突然大发雷霆，说完便离开了直播间，到底发生了什么？"

明明在直播，并且是在推荐荔枝，为什么助理端上荔枝来，薇娅却生气了？这里埋下了伏笔，吸引着读者继续读下去。

2. 解除好奇，引起下文

事情原来是这样的，薇娅之前特意交代助理把荔枝放冰箱冰一会儿，只是为了让粉丝感受到最美味的荔枝吃法，没想到助理却忘了此事，为此薇娅才大发雷霆！

在这里，作者直接给出薇娅发火的原因。看上去只是一个简单的解释，其实是为下文引出产品做铺垫。为什么这么说呢?

首先我们从薇娅发火的这个故事总结出三点:

（1）解释上文，形成因果，让文章更完整。

（2）说明薇娅对自己带货的产品认真负责，既然主播这么用心挑选货品，想必这款荔枝应该非常好吃，值得信赖，从而为推荐荔枝产品做好心理铺垫。

（3）再次提到荔枝，为带货做准备。

3. 介绍产品

众所周知，薇娅每次直播商品都是亲自选货。特别是食物，她都亲自试吃，这一次也不例外。

她还特意选了我国海南妃子笑荔枝。海南因为受当地地势影响，长出来的荔枝皮薄、肉厚、核小，剥出来一个果肉，晶莹剔透，咬上一口，口感顺滑，让人想起初恋的味道！荔枝成熟为 5 月中下旬，果期为一个月。

在这里，作者第一次介绍产品，点明这是海南妃子笑荔枝。

紧接着，作者介绍了海南妃子笑荔枝比其他荔枝好在哪里。"皮薄、肉厚、核小，剥出来一个果肉，晶莹剔透，咬上一口，口感顺滑，让人想起初恋的味道！"通过对口感的描述，吃一口荔枝，甚至让人想起初恋的味道，以此激发读者的购买欲望。

4. 民族主义 + 爱国情怀

今年又是荔枝的丰收年，但海南荔枝，却因疫情而滞销，薇娅亲自直播帮助果农打通销路。

大家都知道，荔枝的盛产期在四至五月份，而今年，疫情的出现，让很多省份的果农都遭受了经济损失。许多农民的水果卖不出去，都烂在了田里。

作者在此点明荔枝因疫情而滞销的事实，一则是想呼吁大家帮帮农民，促进读者下单，二则再次点明主播薇娅的家国情怀。这样写，读者会因此产生共情，为帮助农民而下单。

5. 二次介绍产品

这款荔枝是现摘现卖，每天早晨采摘，中午下午发货，绝对保证荔枝的新鲜度，你只需要坐在家中包邮送到你家门口！

作者在此二次介绍荔枝，主要介绍了荔枝的新鲜程度、发货速度，大家不必出门，坐在家里就能吃到最新鲜的荔枝。

6. 产品使用手册

夏天到了，把荔枝放到冰箱里面冻一冻，会更加美味哦！

可以坐在家里不出门就品尝到千里之外的海南荔枝，真是美哉美哉！

在这里，作者给大家介绍了一个吃荔枝的小技巧，就是荔枝冷藏后品尝更加可口美味。同时，也与文章的开头呼应。薇娅因为助理没有冷藏荔枝而生气，看来荔枝冷藏后吃一定口感更佳。

7. 引导下单

这也是今年下来的第一批新鲜荔枝，商家为了把损失降到最低，也是把价钱降到了最低，现在三斤包邮，只要45元，五斤购买更划算哦！

这么好的荔枝，这么优惠的活动，快点买一些给自己的家人和孩子尝尝鲜吧！

欢迎点开链接，了解更多。

到了最后引导下单的环节，作者点明此时下单的优惠价格，很多读者看到打折和优惠字样，都会情不自禁地主动购买。

【本节作业】

请为林家铺子的黄桃罐头，撰写一篇带货软文。

第7课　科技类带货软文实操案例解析

科技类产品和之前我们介绍的两款产品有明显的不同。为什么这么说？因为科技产品的技术含量很高，卖点也比较难懂，因此，科技类产品的带货文要写得深入浅出，让读者清楚科技类产品的独到之处。

大家可以想象一下，大多数来购买科技类产品的都是哪些人？

第一类，他们往往急需这类产品，来帮助他们实现某些功能。比如我们想买一部相机，目的很明确，就是让它来帮助我们实现拍照的目的，所以这类产品的目标客户信念感明确。

第二类，他们往往对产品了解得比较透彻，甚至是这个领域的专家，想看看这种产品与同类产品的比较优势，进而得出谁的产品更好的结论。这类读者通常不需要我们过多地介绍产品。因为他们只需要货真价实的东西。因此，科技类产品的带货软文直接上干货即可，大家都是来看产品性能的，其他方面稍加点缀即可。

下面，我们以一篇范文来拆解一下科技类产品带货软文的写作方式。这篇文章是科技领域某个征文比赛的一等奖，作者是"科技研究员猴哥"。如果大家喜欢科技类产品，也可以去关注他的主页，察看其他类别产品的评测。这篇文章的题目是《坚决买了 iQOONeo3 之后，我为什么极力推荐给朋友？一文告诉你》，话不多说，我们直接看文章内容。

1. 时间轴描述

前言：iQOONeo3 的惊艳亮相

2020 年 4 月 23 日，iQOO 发布了旗下首款 2000 档（起售价仅为 2698 元）性能旗舰 iQOONeo3！该款手机在发布当日便以出色的配置、亲民的价格瞬间吸引住了全网用户的眼球，更触动了广大消费者的 5G 旗舰购买欲！

这篇文章的作者很有心。大家可以看到，他在每个部分都标注了一个小标题。这是科技类带货文的普遍做法。这样做的好处就是，能够让读者清晰地知道文章的脉络和主线，避免被无用的信息干扰。

作者采用了时间轴的方式，对这款手机的亮相做了描述。时间（2020 年 4 月 23 日）、型号（iQOONeo3）、价格（2698 元），一应俱全，直接点题。告诉读者，我们就是来讲这款产品的，重要信息一个不落。

2. 背景介绍

iQOO 品牌自从 VIVO 独立以来，在国产智能手机市场就一直以不俗的表现取得了数次骄人的成就，不仅赢得了广大消费者的认可，更向各家友商证明了自己不同凡响的竞争力！

2020 年，是 5G 移动网络的发力之年，也是 iQOO 品牌的发力之年：先有 iQOO3 的"长风破浪"，披荆斩棘，再有今天 iQOONeo3 的激流勇进，一往无前！可见，iQOO 品牌"赢在中国"的决心已势不可当，而 Neo3 就是最好的契机！

这里，作者担心很多人并不知道 iQOO 这个品牌，于是做了一些背景介绍，目的是把产品的前世今生用最短的语言进行描述，方便读者更加了解这款手机的背景。

3. 列举产品特点

一、强悍"芯"生：骁龙 865+UFS3.1

2020 年以来，高通骁龙 865+UFS3.1 闪存已经成为安卓旗舰标配，为什么广大消费者唯独对 iQOONeo3 青睐有加呢？

二、顺畅"屏"生：144Hz 超级竞速屏

iQOONeo3 首创 144Hz 超级竞速屏，采用五档帧率与全局智能刷新率技术，结合极其省电的 4Power 屏幕供电技术，极大提升了触控响应度，可谓"出道即巅峰"！

三、玩转 5G 时代：5G 双模全网通 +Wi-Fi6

iQOONeo3 支持 SA/NSA 的双模 5G 网络，搭载麦克斯韦天线系统，具有覆盖广、网速快、信号好等诸多优势，结合 Wi-Fi6 可快速穿梭于 4G/5G/Wi-Fi 的多样网络环境，支持最高 1.2Gbps 的超高速传输，能够提升 20%~30% 的网络吞吐量，相较于 4G，可降低 90% 延时，能够轻松实现"零感网络切换"。

四、乐享充沛能量：44W+4500mAh

为满足更多消费者的需求，极致的充电速度与续航能力一直是 iQOO 品牌的追求之一，Neo3 自然也不例外。iQOONeo3 除了具备超强的配置外，还带来了绝佳的充电速度和更好的续航能力！

五、尊享听觉盛宴：立体双扬 +HiFi 音质

iQOONeo3 别出心裁地将听筒与手机底部的扬声器配合，形成双侧立体双扬声器布局，在硬件上采用了专业的超线性、大振幅扬声器单元，加之 SuperAudio 音效算法的应用，让 Neo3 的立体声音质宛若影院一般出彩、惊艳！

六、手游必备：KPL 认证 +11 层液冷散热

衡量手机性能的一个最直接方法就是职业电竞比赛用机测试，这是最有说服力的标杆！KPL 作为国内顶级的手游赛事，能够通过其比赛用机测试标准的手机无疑更值得消费者信赖，而 iQOONeo3 正是将这套严苛的标准融入了研发的各个阶段，最终成功获得了 KPL 比赛用机测试认证！

很明显，这里作者采用了 6 个要点，列举这款手机的特点。没有过多的修饰和华丽的语言，但是信息量很大，都是手机领域的干货知识。

4.承诺和愿景

结语

可以说,异军突起的 iQOONeo3 完全出乎业内友商的意料,在性价比方面,国产骁龙 865 无机能出其右,足可见其"生而为赢"的宣言实为有备而来!

可以说,iQOONeo3 的面世,践行了自己"长江后浪推前浪"的勇者风范,更奠定了未来 iQOO 品牌的坚硬基石与出色的业界地位!

在这一部分,作者介绍了异军突起的 iQOONeo3 的优势,以及 iQOO 品牌未来的战略方向,再次向读者介绍了手机的硬核水平。

5.引导下单

由于这是一篇征文稿,且没有商品链接,作者在此处没有提及如何购买的具体方式。但是我们之前讲过,品宣类文章只要能够使产品达到有效曝光就已经成功了一半。甚至有很多专业的朋友,因为看到作者的介绍,就会去其他平台自主下单,同样也可以产生很好的购买转化。

大家可以看到,科技类产品的带货文比较传统,主要内容是在介绍产品的干货部分。这就需要写作者拥有很专业的相关领域的知识。由于很多朋友并不具备这类知识,因此科技类产品的带货文也比较少,但它确实是一个非常赚钱的写作领域,感兴趣的朋友可以多了解一下。

【本节作业】

请为日本佳能相机,撰写一篇带货软文。

第三章　拆书稿写作技法

拆书稿写作，与其他文章的写作方式相比，更加具有套路化、格式化的特点。本章将为大家介绍如何高效读书、如何快速成文、如何使文章更加口语化、如何使文章更加出彩的技巧与方法。熟练地掌握拆书稿的写作方法和技巧，将会开启你的另一扇写作变现的大门。

第1课　如何让你看过的每一本书，都变成钱

这年头，读书有用吗？作为一名文案写作课老师，我曾遇到很多小伙伴这么问我。每一次，我都无比坚定地说：读书当然有用。

或许有小伙伴并不服气：长时间的读书确实可以提升自我，但是短时间内，它并不能解决我快速找一个月入过万元的工作问题。

但我想说的是：你的想法有误区。因为短时间的读书，同样可以让你成为月入过万元的人。而这个秘诀便是：学会写拆书稿。

1.1 多读书，多写作，多赚钱

我与写作结缘，大概可以追溯到 2011 年。那时候的我，做了一年多的党政工作，随后又开始做文案，写各种类型的文章，拿着四五千元的工资，过着很普通的生活。可以说，直到 2015 年，我都不相信写作可以赚到钱。

但是在 2016 年，我偶然看到一条招募兼职写作者的信息。大概意思是说：我们有 2000~6000 元一篇的拆书稿写作，欢迎各位作者前来尝试。于是我便不假思索地加入了这个写作团队。经过简单的培训，了解了拆书稿的写作套路之后，我顺利地上岗了。

第一篇稿子很惨，审稿老师帮我改了 8 遍，稿件才算通过了。此后，我对这次拆书稿的整个写作和改稿的过程做了复盘。我发现，虽然当时我的写作经验不充足，但是对方却采用了我的稿子，其中的原因有以下两点：

第一，我改稿速度很快。基本上都是在收到审稿老师的批改稿一个小时内就按照要求完成了文章修改。

第二，我态度很好，从来没有抱怨为什么改稿，也从来没有放弃。

第一篇拆书稿通过之后，我并没拿到最高价位的稿费，只拿到 2500 元。7000 字一篇的稿件，换来了 2500 元，这是我当时获得的最高稿酬。它点燃了我写作变现的希望。

就这样，我的拆书稿写得越来越熟练，曾经一个月内疯狂写了 20 篇拆书稿，取得了月收入过 4 万元的好成绩。

多读书，就能多写作；多写作，就能多赚钱。于是，我决定将读书和写作继续下去。

1.2 什么是拆书稿，如何变现

看到标题，很多小伙伴开始产生疑问：**什么是拆书稿啊？真的这么赚钱吗？**别着急，听我慢慢给你介绍。

我们都听过拆迁、拆台等这样的词汇，大概意思是说，**把旧有的建筑结构或者物件彻底损毁，然后重新建立新的结构**，东西还是原来的东西，但面貌不一样了。

那么以此类比拆书，就很好理解了。所谓拆书，重点词在"拆"这个字上面，**它指的是将一本书的原有结构打破，但是保留作者的原有意思，再经过写作者的加工之后，以一种全新的形式出现。**

那又有小伙伴开始问了：书还是那本书，为什么要再转化一遍说法呢？其实这有两点好处。

第一，帮助读者更好地理解这本书。

因为像财经类、商业类的书籍比较深奥，艰涩难懂，为了使读者更好地理解书里的内容，就需要通过写作者深入浅出的讲述，把这本书化繁为简。

第二，缩短读者阅读书籍的时间。

一篇拆书稿就是一篇文章，它要求作者将厚厚的书读薄，字数在3000~8000。折算一下，8000字的文章可能20分钟就读完了，总比半个月还读不完1本书要好很多。

因此，拆书稿解放了忙碌者的双眼，他们可以通过阅读你写的精髓进而得知全书的重点，岂不是一个节约时间的好方法吗？

而且，想读书却没有时间的人特别多，自然而然，拆书稿的潜在需求也不会少。所以拆书稿写作就这样应运而生了。于是，写拆书稿也就顺理成章地成为一种新行业。

1.3 普通人如何开启拆书变现之路

那么，新的问题来了。既然拆书稿价值不菲，**我们普通人如何开始拆书变现之路呢？它会不会很难啊？**

如果你问我难不难。我想回答的是：**写作之路，从来都不能算是暴富里最简单的路，它需要靠坚持、悟性以及时运等综合因素叠加才行。但是，它却是副业赚钱最切合实际的一种方式。**为什么这么说呢？

首先，我们每个人都是有语言功底的，表达本来就是我们每天都在做的事情，所以相对于其他工作，它算是最好上手的一种兼职类型。

其次，拆书稿是以书为原型和基础的，我们不需要另外寻找素材，看完一本书基本就可以写了。因此，**它又是所有写作类型中最好上手的一种类型**。

综上所述，只要有信心，每一个普通人都可以通过写拆书稿而获得一项副业。即便你赚不到太多的钱，**它也绝对是倒逼自己读书和进步的最好方式！**

2020 年的开端并不算太平，加之世界如此瞬息万变，谁也料想不到未来会怎样。但事实告诉我们，**拥有一技之长傍身，才是抵御风险的最好方式**。所以，和我一起动起来吧！**学习拆书，将是改变我们一生的开始。**

第2课　什么是读书笔记、书评和拆书稿

最近，总有小伙伴问我：

"老师，我读了很多本书，但总是记不住怎么办？"

"想提高写作水平，该如何下手？"

"写文章时，总觉得知道得太少了，怎么才能更好地收集素材呢？"

别急，今天我就给大家介绍一种**既能读书又能提高写作水平**的好办法，那就是写好拆书稿。

为什么我们要学会写拆书稿呢？

理由很简单，写拆书稿不仅能倒逼自己读书，而且能通过写稿巩固书里原有的知识，还能拿稿费，岂不是三全其美的事情？

这相当于，我们每看完一本书，不仅可以比一般的人读得更深、更透，还能实现写作变现，何乐而不为呢？

那么，**什么是拆书稿？拆书稿到底怎么写呢？**

别着急，接下来，我将介绍拆书稿的写法，还有常用的技巧，帮助大家尽快上手，尽快能拿到稿费。

下面，我介绍一下关于读书笔记、书评和拆书稿三者的区别与联系。

2.1 什么是读书笔记和书评

什么是读书笔记？从学习者的角度来说，读书笔记是写作的基础，也是写其他文章的素材与来源。同时，我们在学习的时候最先接触的也是读书笔记。

所谓读书笔记就是摘抄加感悟。比如，我们拿出一个本子，前两行用来摘抄书里的精华内容，后两行用来写自己的心得感悟，这就算是一篇简单的读书笔记。需要注意的是，读书笔记一般是给自己看的，所以比较随意也比较私密，因此我们不要求别人看得懂我们的读书笔记。

那么什么是书评呢？所谓书评，是给那些没有时间和耐心去花时间读书，但是又想从书中获取知识和技能的朋友看的。

一般来说，书评都有固定格式，并没有那么随意。完整的书评主要包括四个部分，分别是**破题、作者介绍、书籍的核心内容以及最后的总结**。

先看第一部分：破题。破题一般是指文章的开头，它像一个坡道，带领我们慢慢进入作者呈现给我们的世界。这部分我们可以通过历史事件、故事或者例子，引出与书中主题相关的内容，第一时间抓住读者的眼球，这样读者才会有兴趣继续往下看我们的书评。

再看第二部分：作者介绍。破题之后，接下来就要介绍这本书的作者，因为作者也是这本书的重要信息之一。介绍作者的方式比较多，比如我们可以介绍作者的经历、特点或者有趣的经历。这样做的目的是让读者能够通过了解作者的经历来更好地理解这本书。

接着看第三部分：书籍的核心内容。所谓核心内容，一般是书里的亮点，这也是一篇书评的精华部分。这时候，之前的读书笔记便派上用场了，它可以作为摘抄＋感悟，来增添我们书评的内容。

最后来看第四部分：总结。总结是一篇文章必不可少的环节，书评自然也不例外。在这一部分，我们需要对前面的重要内容做一个总结，帮助读者回顾一下这本书讲了哪些内容。

除此之外，我们也可以写一写自己对于这本书的独到见解，比如我们觉得这本书有哪些地方写得比同领域的书更好，或者这本书哪些内容作者的叙述还不够全面，有待完善，等等。这些都是我们可以总结的内容。

2.2 什么是拆书稿

我们先说拆书稿是怎么来的。

现代人的生活节奏太快了。很多人平时忙于工作、照顾家庭，却无暇学习来提升自己。因为对他们来说，花几个小时去看完一本书是一件很难做到的事情。为了解决这群人的需求，一些平台应运而生，专门做拆书稿，为这群人讲解一本书的精华，保证大家能够在最短的时间内获取最有效的知识。这样我们就能利用开车、做饭、洗衣服这些碎片时间来提升自己了。

知道了拆书稿的作用与用途，我们就能理解拆书稿的重点在一个"拆"字。它就像剥洋葱一样，把一本书的核心内容拆出来展示给读者。这就要求写作者能够吃透一本书，同时还能用浅显、生动的文字，用通俗易懂的方式向读者展示这本书。

其实拆书稿的格式跟书评特别像，它同样有破题、作者介绍、书籍的主线脉络以及总结升华四部分内容。具体的格式要求我们会在后面详细介绍。不过根据具体情况，拆书稿的模板以及字数要求也是不一样的。一般来说，拆书稿在 3000 字至 8000 字不等。

可能有些小伙伴对拆书稿的盈利模式感到好奇，那么拆书稿是如何盈利的呢？

别着急，我们继续来揭示答案。大家都用过类似"得到""喜马拉雅""樊登读书"这样的知识付费 App 吧？我们可以在"得到""樊登读书"等平台上订阅听书栏目。其实这个栏目里有声稿件的原型，就是拆书稿。

虽然一本书只要几块钱，但假设有 1000 人订阅，听一本书要 5 元，那么这篇拆书稿就能够产生 5000 元的价值，而这 5000 元包含了运营、播音员、编辑、作者等人员的劳务费，而我们的稿费就来自这 5000 元。

2.3 读书笔记、书评和拆书稿的区别

现在，我们来总结一下读书笔记、书评和拆书稿之间的区别。

读书笔记，可以帮助我们积累写作的素材和灵感，因此可以说，读书笔记就是写作的基础。

书评和拆书稿虽然都具有解读书籍的功能，但是它们的目的又不尽相同。

书评的立场是从写作者本人出发，更偏向于分享作者自己的个人心得、体会以及感悟。在书评中写作者可以分析这本书的好坏，分享个人的观点，也可以旁征博引，将这本书与其他书籍进行比较、分析。因此可以说书评是**一种个人风格非常显著的文体，同时写作者与读者之间的互动也最有深度。**

相比之下，拆书稿就显得更加商业化了。它更像是公司生产出来的产品，有自己统一的风格和格式。所以拆书稿中的个人风格要比书评少很多。除此之外，拆书稿的立场是从书籍本身出发的，在写拆书稿的过程中，我们要尽可能客观、真实地展示书籍的内容，而不是凭自己的主观喜好来对书籍的内容进行褒扬。

只有我们搞清楚了读书笔记、书评和拆书稿之间的区别与联系，日后才能在写拆书稿的过程中事半功倍，不会出现写出来的稿子不符合拆书稿要求的情况。

【本节作业】

请大家在公众号上找一找书评类文章，并在"得到"上找一篇拆书稿，体会一下两者之间的区别，并熟悉拆书稿的语言风格。

第 3 课　一书多用，让稿费收入翻倍

如果你经常向各种平台投稿，那么一定看到过这样一条要求：禁止一稿多投。为什么会这样规定呢？有两个原因。

首先，平台要保证原创首发。如果你的文章发布在某个平台上，那么它的原创版权就属于这个平台。任何平台都希望获得优秀文章的首发权，尤其是热点文，先发就能占取先机，也就能获得更多的流量。

另外，每个平台的风格、调性都是不一样的。如果写作者不是针对某个平台创作文章，而是写了文章到处投稿，那么过稿的概率其实是很低的。

因此，很多人都遇到过这样的困惑：我辛辛苦苦地写了一篇稿子，如果过不了稿，就赚不到稿费。或者有些平台给的稿费太低了，我想增加稿费收入，但是平台不允许再投稿给别的地方。这样一来，我们一篇稿子所能产生的价值就微乎其微，甚至很可能为零。

也正是因为写作变现存在许多的不确定性，很多人在写作这条路上很难坚持下去，大多数人坚持了没有多长时间就放弃了。

那么如果我告诉你，有一种写作方式可以让你稳赚不赔，不仅能轻松地赚到稿费，还能一书多用，让你稿费翻倍，你还会觉得写作变现这件事很难吗？

说到这里，很多人应该已经猜出来了。没错，我说的这种方式就是拆书写作。可以说，拆书稿不仅是所有写作类型中最容易上手的，也是最容易变现的。而且还可以一书多用，让你读的每一本书、写的每一篇稿子都能产生更多的价值，甚至可以让你的稿费翻倍。

下面就来讲讲如何通过拆书写作，让我们的稿费收入翻倍。

3.1 一书多用，让读过的每本书都能产生更多价值

对于我们写作者来说，拆书稿的首要价值就是能赚到钱，这一点是毋庸置疑的。因为拆书稿的写作框架很容易上手，我们只要掌握了规律，很快就可以开始进行写作变现了。这也是拆书稿与流量文、热点文等写作类型相比所具有的优势。

但是如果你认为学习拆书稿写作的好处仅仅是能赚到钱，那么你就错了，拆书的价值远不止如此。通过拆书写作，我们能获得的回报太多了。下面我们就具体来说一下。

首先，拆书需要先读书。这就能够倒逼我们进行知识输入，从而增加自己的知识储备。其实写作是一个输出的过程，而读书是一个输入的过程。我们只有不断地增加输入，才能让自己源源不断地输出。而我们大多数人，每天都被忙碌的工作占去了大部分时间。即使有了空闲时间，大多数人也是抱着手机打游戏、看视频，几乎没有时间静下心来阅读。

很多写作者都是这样，因为没有时间来为自己输入知识，所以写作坚持不了多久就觉得没有东西可写了。但是拆书写作就不一样了。我们每一次写拆书稿之前都要读一本书，这就相当于一次知识的输入。比如我最多的时候，一个月写过 20 篇拆书稿。在这个过程中，我等于看了 20 本书。而在此之前，我可能一年也不一定能看完 20 本书。所以说，拆书写作既是一个输出知识的过程，也是一个输入知识的过程。它可以让我们保持新知识的不断输入。

那么，增加知识输入对于我们写作者来说又有什么好处呢？我想不用说大家应该都能想到。

首先，能够增加理论知识的积累。我们想要写好一篇文章，理论知识的

支撑是必不可少的。那么在写拆书稿时，当我们读完一本书后，就可以把书中的内容转化成自己的东西，作为理论用到我们写的文章当中，从而让文章更有价值。

其次，读书也是一个积累素材的过程。有句话叫作："巧妇难为无米之炊。"对于写作者来说也同样如此，没有素材，写作就无从谈起。但是很多人都会苦于没有时间去积累素材，或者不知道该从哪里寻找素材。相比之下，拆书稿写作不仅不需要担心没有素材，甚至还能成为你积累素材的渠道。因为我们可以把书中的观点、金句，甚至是作者讲的小故事、举的例子等都积累起来，建立起自己的素材库，用来充实我们写的文章。

另外，通过读书和拆书，我们不光能增加知识的输入，还能锻炼自己的逻辑思维。我们写拆书稿的目的就是把一本书里的主要思想解读出来，方便那些没有时间读书的人通过拆书稿来掌握这本书的精髓。那么，要达到这个目的，我们首先要揣摩作者的思路，读懂作者想要表达的含义。在这个过程中，我们相当于一次次地在做逻辑推演，从内容推导出作者的思想，再用自己的语言组织成新的内容，呈现给读者。

在这个过程中，我们一方面能通过不断的实践来锻炼自己的逻辑能力，另一方面也能学到不同作者在写作中所运用的逻辑方式。这些可以帮助我们增强自己的逻辑思维能力和逻辑表达能力，从而促进我们写作能力和文章质量的不断提高。

所以说，拆书稿写作的价值不仅仅在于能够轻松变现，更多的是可以一书多用，实现价值增值。通过一次次读书和拆书，我们不仅能够增加知识、积累素材，还能锻炼逻辑思维能力和逻辑表达能力，让自己的文章写得越来越好。

3.2 如何通过拆书稿写作，让你的稿费收入翻倍

上面我们讲了如何通过一书多用的方式，让我们读过的书产生更多的价值。那么有人可能会说："你说的这些我都得到了，但是我只想多赚点儿稿费，应该怎么办呢？"别着急，我们接下来就说说，怎么通过拆书稿让你的稿费翻倍。

首先，我们要知道，拆书稿本身就很容易赚到稿费。目前市面上的拆书稿，按照书的内容和稿子的字数，给出的稿费价格在 200~2000 元不等，有些稿件甚至能高达每篇 6000 元。

下面，我们就给大家介绍三种渠道，帮助你用一篇拆书稿，获得多倍的收入。

第一种渠道是图文专栏。当我们掌握了拆书稿写作的方法，并且积累了一定的经验后，我们就可以在各类写作平台和知识付费平台上开设自己的写作专栏，教授拆书写作知识和技巧，从而通过售卖专栏来赚取收入。比如我就在各大平台上开设了写作专栏，不仅赚到了远远超过拆书稿稿费的收入，还帮助很多写作者成功实现写作变现。可以说是既有收益，又能获得成就感。

第二种渠道是听书服务。随着生活和工作节奏的加快，我们的时间越来越碎片化。这不仅催生了各种拆书平台，还促使有声读物迅速崛起。所以我们看到了喜马拉雅、蜻蜓 FM 这些听书平台的出现，就连樊登读书这样的读书平台音频服务所占比重也越来越大。这就意味着听书市场也有大量的拆书需求。尽管是从文字变成了声音，但是拆书的技巧和规律大同小异。也就是说，我们可以将自己的拆书稿做成音频售卖，或者向听书平台供稿。这样，只需要读一本书，我们既能写成文章发布，也能用来作为音频的文案。那么，一篇拆书稿，就能赚到双倍的稿费了。

第三种渠道是短视频课程。我们都知道，随着 5G 网络的出现，短视频越

来越成为一种流行的内容形式。我们很多人已经没有耐心去看一大段的文字，所以越来越多的知识付费课程开始转向短视频。这对于我们来说也是一个机会。首先，我们可以自己制作课程来售卖。就像我们前面提到的图文专栏，我们也可以做一个这样的视频专栏来教授写作技巧。

其次，现在很多读书平台和公众号也都推出了视频读书、讲书服务，通过一个一分钟左右的短视频把一本书的精华展示给受众。这种模式需要大量的拆书写手提供视频脚本，这类脚本与拆书稿很相似。另外，视频的时间很短，这就要求脚本的语言更加凝练，更加有逻辑性，要在有限的时间内吸引受众的注意力，并清晰地表达出一本书的中心思想。我们前面说了，没有哪种写作方式比拆书写作更能锻炼逻辑思维和逻辑表达能力。所以说，如果你是一个优秀的拆书稿写作者，那么你做这类视频也会比别人更有优势。只要掌握了拆书写作的规律，你就会发现，在很多领域中，我们都能运用拆书写作来获取更多收益。

第 4 课　如何利用半小时既快速又准确地阅读一本书

在写拆书稿之前，我们必须明白一个道理：拆书稿写得好不好，有一大半取决于是否读懂了书中的精髓。所以，我们就来聊一聊如何高效阅读一本书。

你别小看阅读这件事，要想做好可真不容易。因为很多学员经常提出这样的疑问：

"老师，我看书很慢，总是赶不上截稿日期，很苦恼。"

"看完书后，还是抓不住书里的重点，写不出来，怎么办？"

"多久看完一本书才是最合适的呢？"

可见，很多朋友在着手写拆书稿的时候，遇到的第一个拦路虎不是怎么写，而是怎么阅读。事实上，我们要想写好一篇拆书稿，第一步不是去写，而是去读。只有我们掌握了一本书的内容，我们在下笔的时候才不会出现跑题的情况。

既然阅读是写好拆书稿的基础，那么如何既快又好地阅读一本书的主要内容就显得尤为重要了。

对一个阅读高手而言，半个小时就可以掌握一本书的主要内容了。所以看书加上写几千字的拆书稿，快者半天时间便足够。有些小伙伴可能会对此感到不可思议。其实只要掌握了正确的方法，无论是谁都可以做到。

4.1 为什么我们阅读的速度特别慢

据调查，很多小伙伴在读书过程中会遇到读书慢的问题。一本书买回来一个月，也不过就翻了几页，一年下来能读完的书更是屈指可数。

那么我们为什么会读书慢呢？第一个原因是缺乏自制力。

毕竟，世界给我们的诱惑实在是太多了，以至于很多人早已失去了长时间的专注能力。打个比方，很多人在读书的时候不是经常看手机，就是去做别的事。哪怕只是看半个小时的书，对他们来说也是一件很难的事情。

导致我们读书慢的第二个原因是，我们在阅读的时候养成了不好的读书习惯。大家回忆一下，我们在上学的时候，老师是不是要求我们要一个字一个字地读书呢？当我们习惯了逐字逐句地读书之后就会发现，自己不敢跳读，生怕自己漏了什么。所以即使很多人已经工作了，读书的时候还是保留着一个字一个字去读的习惯。甚至有的朋友在读书的时候还要在心里复读出来。这样不是不好，但这样明显浪费了很多时间。

有以上两个拦路虎存在，我们读书的速度怎么能快得起来呢？

4.2 如何解决读书慢的问题

刚刚我们说了，读书慢主要是两个原因导致的，一个是因为专注力不够，另一个是因为错误的读书习惯。今天我就教大家两个技巧，一举解决读书慢的问题。

第一个，针对读书注意力不集中的问题，我们可以用橘子法。

第二个，针对读书方法错误的问题，我们可以用影像阅读法。

我们先来说说橘子法是怎么帮助我们快速进入专注模式的。

首先，我们在阅读之前，想象自己手里有一个橘子，从左手倒到右手，从右手抛到左手，来回抛几次。一定要想象手里有一个橘子，想象它的颜色、重量，甚至气味，然后不断地从左手抛到右手，从右手抛到左手，来回抛几次之后，把它轻轻地放到你的头顶上。

然后，想象这个橘子就在你的头顶上，悬浮着不动。接着我们的注意力从橘子转移到书上，我们就会发现自己的专注力提高了很多。这时候我们要做的就是尽可能长地保持注意力，直到坚持不下去为止。然后再来一次。经过几次训练，我们会发现自己的注意力有了一个显著的提升。

为什么这个方法好用呢？其实这是有原理的。因为我们大脑的注意力有一个延续性，想象着把橘子抛来抛去，然后放在大脑顶上，其目的就是为了让我们的注意力集中到这一个点上，然后再从这个点延伸到阅读当中。这样就可以提高我们的专注能力，让自己全身心地投入阅读中。

时间久了，即使不借助橘子法，我们也可以在任何场合迅速地进入高效阅读的模式。

说完了橘子法，我们再来聊聊影像阅读法。需要注意的是，影像阅读法的目的并不是为了帮助我们完整地记住整本书的内容，而是帮助我们在最短的时间内了解书本的大致内容。只要掌握了影像阅读法，我们就能摆脱掉逐字阅读和默念的坏习惯。下面我们就来介绍一下影像阅读法到底是怎么操作的。

影像阅读法的第一步是要进入摄像焦点状态。就是我们的眼睛不固定焦点，而是让视线分散。具体做法是，摊开书本，盯着中间的装订线，扩展视野直到同时看到书页的四个角。放宽视线，不聚焦在文字上，而是留意行间的空白，想象一下书的四个角对角相连，两条对角线呈 X 形。

一旦我们进入了摄像焦点的状态，我们会发现书页上的文字看起来像浮起来一样，同时有一种十分鲜明的立体感，而且我们越是放松，文字看起来就越清晰。

这个方法刚开始做比较难。毕竟我们已经习惯了视线对焦书页看书，也许需要多花一点时间才能进入摄像焦点状态。即使我们做不到也不用太纠结，慢慢来就好了。

进入摄像焦点状态后，接着就是第二步：保定这个状态稳定持续，然后有节奏地翻页。我们可以有节奏地深呼吸，并配合翻页的速度在心里反复默念一些简单的词语，比如"1、2、3、4"或者"放、松、放、松"这样的词语，让自己摒除杂念，保持精神高度集中。

可能有些朋友在尝试用这种方法读了一本书后，心里会产生疑问："我用影像阅读法看完了这本书，但是我好像也没读到什么东西啊。"

不用担心，这是正常的现象。因为我们在进行影像阅读的时候，主观意识层面上并没有吸收到任何信息，或者说吸收到的信息非常有限。这也就是为什么我们感觉自己没读到什么东西的原因。

然而影像阅读正是一个绕过主观意识，让潜意识去收集信息摄入大脑的过程。所以请你对自己的潜意识抱有信心，它会在你毫无意识的情况下帮你消化信息。

我再打一个比方，也许就能理解这种感受了。开过车的人都有经验，刚开始开车的时候特别紧张，眼睛一直盯着前面看，头也不敢动，这就相当于我们读书的"定焦"状态。但是开车熟练后，你会发现自己的状态是很放松的，我们的视线也是发散的。尽管我们没有刻意盯着什么，但是我们也能第一时间用余光捕捉到路边奔跑的孩子、准备过马路的老人，其实这就相当于进入了摄像焦点的状态。

大家只要掌握了上面介绍的橘子法和影像阅读法，阅读速度就会得到大幅度的提升。

【本节作业】

尝试使用橘子法和影像阅读法阅读《亲密关系》这本书，然后复述这本书的内容。

第 5 课　如何制作思维导图及梳理思维导图的逻辑

大家都知道，真正的好文章是打磨出来的，而这个打磨过程可以分为写作前期的工作和写作后期的工作两个部分。写作后期是指修改文章；而写作前期，就是拟定写作大纲。在拆书稿里，这个写作大纲就是我们所说的思维导图。

那么思维导图到底长什么样呢？它很像老师在讲课时画的树形图，因为这类图有助于我们厘清思维的逻辑和结构，所以我们把它叫作思维导图。

5.1 为什么要做思维导图

如果你仔细观察拆书稿就会发现，拆书稿的结尾往往有一句固定话术："为你准备的笔记版文字和思维导图就在音频下方的文稿里。"

我们准备笔记版的文字给用户，是为了让用户在不用回听音频的情况下，同样能回顾书里的核心内容，而做思维导图，则对读者领会书中的精华能够起到提纲挈领的作用。

第一，制作思维导图是从用户角度考虑的。思维导图相当于给付费用户的一个增值服务。一方面，思维导图为听众展示了这篇拆书稿的框架，这样他们在听书之前，就可以对文章的内容有一个大概的了解，以便更好地跟上音频的思路。另一方面，思维导图也可以作为学习笔记来使用。因为绝大多数人会选择在做饭、开车、洗衣服、打扫卫生的时候去听拆书稿的音频，这时大家根本腾不出手来做学习笔记，所以思维导图就能够帮助用户在听完音频后复盘本书内容，提高学习效率。

第二，制作思维导图是站在写作者角度上考虑的。一个完整的思维导图，包括了精髓、核心内容以及核心内容下面的分论点。它就像一个写作大纲，可以使写作者在创作拆书稿的时候思路更加清晰。只要把思维导图列出来，那么拆书稿写作就能事半功倍，更加高效了。

5.2 思维导图有哪些逻辑结构

一般情况下，思维导图主要有以下四种逻辑关系。

1.总分关系。什么是总分关系？在形式上，总分关系可以是先总说后分说；也可以是先分说后总说；还可以是先总说，再分说，最后小结。

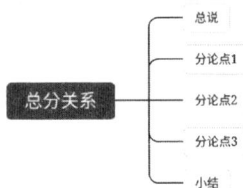

图 2.3 总分关系思维导图

2.并列关系。所谓并列关系指的是同一层次、同一类别的概念。比如，在科学家这个大的概念中，农学家、生物学家、化学家这几个名词就属于并列关系。

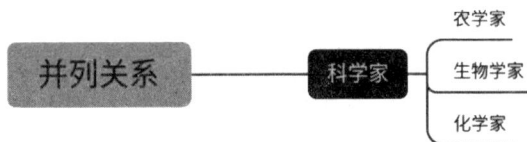

图 2.4 并列关系思维导图

3.递进关系。所谓递进关系说的是层层递进的关系。比如，他不但功课好，而且人缘也很好。这就属于递进关系。

图 2.5 递进关系思维导图

4.因果关系。因果关系一般用在问题分析上，像"是什么—为什么—怎么办"就是一个非常典型的因果关系结构。

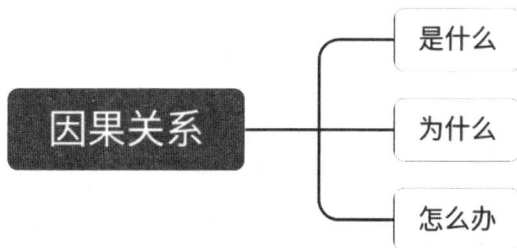

图 2.6 因果关系思维导图

但无论怎样的关系，我们在制作思维导图时，都是将书籍的名称作为一级标题；而将每一部分要讲的内容作为二级标题；如果每一部分还有小标题，就作为三级标题。

我们掌握了思维导图的四种关系后，不仅可以帮助我们在读书时快速厘清知识结构，牢记书中知识；同时也能够帮助我们在写作的时候，快速搭建写作框架，从而不会出现逻辑混乱的情况。

5.3 思维导图有哪些制作形式

目前，市面上制作思维导图的工具有很多。在这里，给大家介绍两款常用的思维导图制作软件，它们可以帮助我们又快又好地做出思维导图。

第一个软件叫作幕布，这款软件最大的优势是可以像 Word 一样列出文字大纲。记住，我们只需要把需要制作思维导图的文字打出来，然后就可以利用这款软件自动转换成思维导图，根本不需要我们的任何排版操作。可以说这是一款傻瓜式制作思维导图的软件。

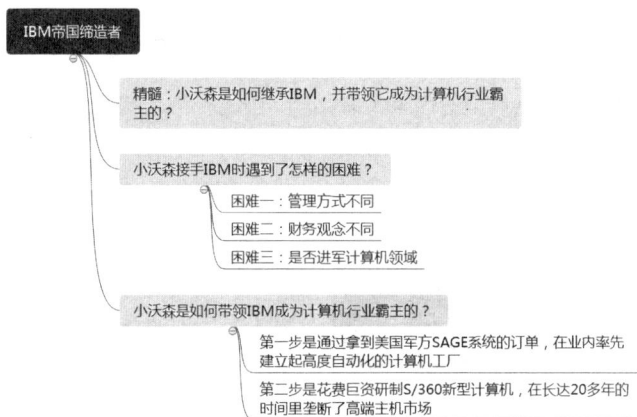

图 2.7 幕布软件自动生成思维导图

第二款软件叫作 Xmind。这款软件的优点在于，拥有非常强大的思维导图模板，利用这些模板我们可以制作出形式多样、灵活多变的思维导图。不过它的缺点也是显而易见的，那就是因为涉及图标较多，所以比较依赖电脑端。如果用手机操作，需要大量的拖曳步骤，同时需要我们在图形上进行编辑，对手残党比较不友好，操作并不方便。所以，如果我们要使用这款软件，建议在电脑端进行操作。

【本节作业】

阅读《亲密关系》这本书，然后用本节学到的知识制作思维导图。

第6课　送你一个万用模板，5秒搭好文章框架

拆书稿之所以好写，很大原因是它有一个固定的模板。因为听书栏目或者发布拆书稿的平台为了培养用户阅读的习惯和黏性，往往都会设计一套属于自己的内容结构模板。虽然每个平台的要求略有不同，但通常情况下，模板分为四个部分。它们分别是**介绍部分、前言部分、正文部分和总结部分**。

有些聪明的小伙伴看了模板就知道怎么写了，因为这样的模板像是填空题，我们要做的是把相应的内容放在对应的位置上，但是具体往里面填充什么内容，却也十分考验写作者的能力。

这就是为什么我们要专门设置两节课来讲拆书稿结构的原因。正所谓磨刀不误砍柴工，只有我们对拆书稿的各部分要求和功能了然于心，才能在下笔的时候如有神助，不慌不忙。

关于拆书稿的框架结构，我们将分为两节课来介绍。这节课，我们重点讲拆书稿的前两个部分：介绍和前言。

6.1 拆书稿介绍部分写法

拆书稿的介绍部分作用就相当于一个产品页，因为我们的拆书稿是付费的，所以前言部分、正文部分以及总结部分的内容，没有付费的用户是看不到的。想让用户下单，就需要设计一个产品页（拆书稿介绍部分），告诉用户，我们这个音频是讲什么的，从而吸引用户购买音频。

一般情况下，介绍部分又包括三部分内容：书籍介绍、作者介绍和核心

内容。介绍部分不宜太短，也不宜过长。总字数加起来在 300 左右为宜，重点是要写出书中精髓。

为什么要介绍书籍和作者？很简单，这是为了增强书籍的权威性。如果作者有相关的经历、权威身份、卓越的成就，或者这本书在某些领域已经小有名气，那么我们不妨把这些内容展示出来。这样就可以让读者相信，这本书是具有权威性的，也是可以给他们带来帮助的。

不过，我们在介绍作者的时候，千万不要用百度百科式的作者介绍。什么叫百度百科式的作者介绍呢？比如我们输入马云，百度一下，上面写着马云，哪年哪月，做了什么等等。这种百度百科式的作者介绍，会让读者感到很乏味。

那么怎样才能把介绍写得生动一点呢？我给大家分享一个小经验。大家在写一本书的作者介绍时，可以挖掘一下作者写这本书的动机或者经历。

比如，有一本书叫《人口创新力》，这本书是讲人口跟国家创新力之间的关系。一般人介绍这本书可能会说，这个作者是一个人口学专家，拥有哪些头衔，等等。但是我们查一下这个作者的经历就会发现，他之前写过另一本书叫《中国人可以多生》。这就很有意思了，因为当时中国还在实行独生子女政策，他却在书里指出独生子女的政策不合理。公然挑战权威，这就是一个非常好的展示点，能折射出作者不一样的人格。如果把作者的这个观点介绍出来的话，读者就会觉得作者的人物性格跃然纸上了。

核心内容，其实就是对图书正文内容的提炼。通过核心内容，用户就能知道付费音频会给他带来哪些有价值的信息。同时，这也将决定用户是否会继续往下看。

以上就是介绍部分的三项内容，它的功能就相当于产品页，用来向用户展示作者、书籍以及音频的大致情况。

6.2 拆书稿前言部分写法

接着我们来谈谈拆书稿的前言部分。前言部分主要包含两项内容，一个是精髓，还有一个是破题。

拆书稿的精髓，往往只有一句话。可别小看这简单的一句话，意义却非常深远。它就像是全文的定海神针，决定了整篇文章的主题思想。很多时候，读者从这本书的精髓介绍，就能了解本书是否是他所需要的。

为什么要设置精髓介绍呢？这跟演讲有点儿像。在演讲当中有个 7 秒钟法则，就是说如果我们在开头 7 秒钟不能够吸引听众的注意力，那么听众50% 的注意力就会被分散，观众就不会再仔细听我们讲什么了。同样，拆书稿的开头也是最重要的。所以我们一定要在一开始的时候就把本书的精髓告诉用户，第一时间抓住用户的注意力。

那么我们如何才能写出第一时间吸引听众的精髓呢？这就要满足下面三个条件：

1. 一定要口语化

要做到口语化，我们就要用口语的方式将图书的精髓表达出来。比如，很多人喜欢用书上的原话作为精髓，这样做的结果是往往让人提不起兴趣。

举个例子，有一篇拆书稿的精髓原来是这么写的：

科学认知风险，理性面对不确定性，使用简单有用的经验法则，最终做出明智的决策。

大家来看一下，这句话是不是像一个领导在汇报工作？实际上这段话用的是书面用语，而在实际生活中，我们根本不会这么跟朋友说话。所以，我们稍微修改了一下：

如何理解风险及其沟通方式，进而做出正确的选择？

你看，这样修改之后是不是更口语化一些呢？而且用了疑问句式，也比原来更能让用户产生好奇心，同时听了也能知道这本书的具体内容讲的是什么。

2. 让听众能听得懂

很多人在写文章的时候很容易犯一个错误，那就是自嗨。自嗨是什么？自嗨就是写稿人觉得自己写得特别好，但实际上，听众完全不感兴趣，甚至听不懂。这是因为我们在写稿的时候，没有换位思考导致的。

举个例子，《文明是副产品》这本书的拆书稿精髓原来是这么写的：

文明的出现不是目的论造成的，而是社会发展演变的"副产品"造就的。

这段话其实是这本书里的原话。虽然这句话高度概括了书的内容，但是对于第一次听到这本书的人来说，这个精髓就有点儿莫名其妙。为什么会这样呢？因为这里对"副产品"这个词根本就没有解释，所以让人看着莫名其妙。所以我们在写精髓的时候，一定不能出现陌生的概念，要想方设法让用户听得懂。我们对此进行了修改：

古代人民创造的文明，并不是他们带着目的创造出来的，而是在进行其他活动时无心插柳的结果。

你看修改后，就没有生僻词了，而且用了一个颠覆认知的方法。一开始说我们原来以为文明是带着目的创造出来的，但其实不是。这篇文章颠覆了你的认知。这篇文章告诉你，文明其实是无心插柳的结果。这样表述，用户就会觉得不可思议，然后心里产生疑问：文明怎么会是无心插柳的结果呢？这样用户就会想继续听下去了。

3. 一定要对读者有用

如果这是一本可以提高我们生活质量的书，我们就不能这样写："了解什么，最终让我们过上美好生活。"因为这样写太假大空了，不具体，让人觉得不痛不痒。读者看了也不会意识到自己可以通过这本书来提高自己的生活水平。所以我们一定要将内容写得十分详细，比如通过什么方法，最后获得什么样的结果，解决了什么问题。这样读者才会觉得："哦！我好像也有这样的问题。那我就看看这本书能怎样帮我解决吧！"

我们来举个例子：一本书叫《赢》的拆书稿，修改前的精髓是：

如何赢得竞争。

但是这样的精髓太单薄了。这本书介绍的是关于什么的竞争呢？爱情的？市场的？还是公司内部的？都没有说明，所以我改了一下：

通用电气CEO杰克·韦尔奇，告诉你，公司和个人如何才能始终处于"赢"者的位置？

你看这样写就更具体了。

【本节作业】

阅读《非暴力沟通》，大家可以用本节课学到的知识，为这篇拆书稿排兵布阵，并写出它的介绍和前言部分。

第7课　手把手教你每个板块写什么，怎么写

7.1 如何写好前言中的破题部分

什么是破题？其实很多拥有写作经验的人，也都不太清楚它的具体含义。所谓破题指的是文章开头的一种写作手法。它更像一个坡道，带领我们慢慢地进入作者呈现给我们的世界。

那我们为什么要设置这么一个环节呢？这是因为仅靠精髓来吸引读者还是远远不够的。我们还要用更多的精彩内容来引起读者的共鸣，让读者产生代入感。这就好比，你说你家种的菜便宜又无污染。买家有点相信了，但你不能就此打住，你还需要继续通过摆事实举例子的方式，给顾客呈现出你家蔬菜的优点。

这一环节，就是让半信半疑的顾客坚定心中的购买信念。这也是让顾客买下蔬菜的重要步骤。而这个过程，和破题部分的作用异曲同工。因此可以说，破题就是让读者坚定这本书对他有用。

那我们用什么样的方式让读者产生代入感呢？除了前面我们提到的，通过历史事件、故事或者举例子的方式让读者产生代入感，我们还可以用场景化的描述来吸引听众的注意力，引起共鸣。

什么叫场景化描述？就是还原现实生活中的场景。比如描述生活当中大家经常遇到的问题。

拿《高倍速阅读法》这本书为例，如果我们给这本书写拆书稿，破题部分应该怎么写呢？我们可以这么写开头：

平时你在阅读当中会遇到哪些问题？是不是经常阅读慢、读完记不住？

这样一讲，听众就会觉得，对呀，我平时真有这个问题。这说的就是我，我想接着往下听一听。这就是所谓场景化描述。

大家只要细心观察就会发现，场景化描述是破题的最好方式之一。它不仅有画面感，还能增强读者的代入感，让他们很想听下去。好了，通过场景化描述后，我们成功地吸引了读者的注意力，也令他产生了烦恼，但问题终归是要解决的。这时候他们就会非常期待我们给出一个行之有效的解决方案。

于是我们就可以向读者们隆重地推出自己要介绍的书籍了。因为在拆书稿的介绍部分我们已经讲过这部分的内容，那么在此处，为了和上下文衔接，我们只需要再简单地提一下作者和书籍的基本信息即可。

7.2 拆书稿的正文部分怎么写

拆书稿的正文部分是对书籍核心内容的一个展示。为什么要提炼出核心内容呢？这其实跟演讲是一样的道理。试想一下，在听演讲时，如果演讲嘉宾一上来就口若悬河、滔滔不绝，又不告诉听众接下来他要讲的重点内容是什么，听众就会觉得他的演讲非常没有条理性，而且抓不住重点。因此我们在写拆书稿的时候，也要首先展示核心内容，就是为了给听众一个提示，让他们预先有一个印象。这样听众就知道自己在接下来的音频中会听到什么内容了。

有朋友说了，核心内容好说，书里有多少核心我们写多少核心就可以了。这个观点大错特错。因为一本书大概20万字，如果我们把作者的意思全部列出来，读者听完会感到不知所云，抓不住重点。

那么正文部分介绍几个核心内容比较合适呢？一般来说写三个核心内容就够了，有时候写两个或者四个也可以，但是最理想的是三个。

为什么是三个核心内容呢？有科学研究证明：如果我们跟听众讲的内容超过三件事，听众可能听完就忘了。比如大家参加会议，如果一个专家上来就告诉你，这个会我们要讲10条内容或者20条内容，我们是不是听到这个数字就会头大？写拆书稿也是一样的道理。

至于我们该如何提炼三个核心内容，以及如何有理有据地阐述这三个核心内容，我会在后面为大家详细讲解。

7.3 总结部分的写法及格式

结尾都是有固定话术的，比如：

今天我们聊的内容差不多了，让我们回顾一下今天说的都有哪些重点。

说完这段固定话术后，我们就要对前面的核心内容再一次阐述，而总结的目的就是为了让听众加深对整个稿件的印象。因为很多听众都是健忘的，如果我们最后不去做一个总结，很多听众在听了十多分钟的音频后，往往是不会记得最初的内容的。

所以，总结部分我们不仅需要再复述一遍核心内容，帮助读者加强记忆，还要对核心内容再做一次升华与提炼。这样读者就能明白我们为他们提供了怎样的好内容。

至此，我们为大家讲解了拆书稿的写作框架。它包括介绍部分、前言部分、正文部分以及总结部分。虽然并不是每一篇拆书稿的结构都必须严格按照这四个部分来写作，有些拆书稿需要按照平台的具体要求来写作，但是万变不离其宗，这四个主要组成部分，在任何一篇拆书稿里都是必不可少的要素。

相信只要大家掌握了拆书稿的基本结构并加以练习，写出一篇差不多的拆书稿初稿就指日可待了。

【本节作业】

阅读《非暴力沟通》，大家可以用今天学到的知识，为这篇拆书稿排兵布阵，并写出它的破题、正文和总结部分。

第8课　用上2个绝招，不会写作也能妙笔生花

在前面，我们重点介绍了拆书稿的整体框架和写法，尽管已经拿到了模板，但是很多小伙伴在写正文部分的内容时还是会卡壳。比如，有些小伙伴会遇到以下这些问题：

第一个问题：没灵感的时候，坐在书桌前怎么也写不出来；有灵感的时候，可以一口气写两千字。写作完全靠灵感，发挥不稳定。

第二个问题：写出来的东西思维跳跃特别大，讲着讲着就跑题了，怎么都收不回来。

第三个问题：不会运用素材，所以通篇下来都是理论，特别是文字干巴巴的。

那么针对这些问题，有没有破解之道呢？别急，下面我就来教大家两个写作的结构。只要掌握了这两个结构，刚刚的三个问题就能迎刃而解。

不仅如此，我们在两个小时之内，稳定、快速地写完一篇拆书稿也是完全没有问题的。即便有一天，我们要写从来没有涉足过的领域，同样可以快速上手。

8.1 金字塔结构

金字塔结构，是非常基础的文章写作结构。可以说我们见过的90%的稿子，都可以用这种金字塔结构来呈现。

金字塔结构，顾名思义就是一种塔形结构。它是指任何一件事情都可以归纳出一个中心论点，而这个中心论点可以由3个到7个论据进行支撑。每

一个论据本身又可以成为一个论点，同样也可以由 3 个到 7 个论据支撑，如此重复。这样的思维框架，形状就像金字塔一样，因此被称为金字塔结构。

让我们来举个例子，假如一个毫无章法的秘书在汇报工作时说出以下这段话，老板肯定会气炸。她说："王总来电话说他不能参加今天下午 3 点的会议。李总说他不介意晚一点开会，明天开也行，但明天十点半以前不行。唐总说他明天晚些时候才能从上海赶回来，并且会议室明天已经有人预订了，但星期四还没有人预订。会议时间定在星期四上午 11 点似乎比较合适，您看行吗？"如果你是公司的 CEO，听到秘书这样汇报工作可能会被绕晕。为什么？因为她的表达没有突出重点，逻辑也不清晰。

但是，如果我们用金字塔结构重新组织语言进行表述后，秘书的汇报就会变成这样："老板，您看，原来定在今天的会议改在星期四上午 11 点开怎么样？因为今天的时间，王总和李总都没有办法参加，而其他领导能配合的时间只有这周四，而且这周只有星期四的会议室还没有被预订。所以，您看会议改到星期四上午 11 点，可以吗？"这一次我们再听秘书的介绍，是不是就清晰了很多。这就是金字塔原理带给我们最直接的效果。

那我们如何将要表达的思想组织成金字塔结构？其实很简单，只要三步就可以了。

1. 结论先行。

什么是结论先行？结论先行就是在你表达观点时优先说出你的结论。先提出总的概念，再列出具体项目，要自上而下地表达思想。就像刚才提到的秘书汇报工作，首先要汇报的就是结论：把会议改到星期四上午 11 点，之后再说次要的论点。

2. 将事物归类分组。

我们在表达的时候，需要将拥有某种共性或相近的事物放在一起，并用某种逻辑模式来组织它们，使之更加清晰，有条理，便于读者理解。

比如，你要出去买报纸，就顺便问了一下你的爱人："有什么东西需要我帮忙带的吗？"然后你爱人说："太好了，那个我想吃葡萄，你买点。对，顺便买点牛奶。"你说："好的。"然后刚要走出门口，她又说："对了，咱家土豆也不够了，然后也没鸡蛋了，你把土豆、鸡蛋买一点。然后顺便还有胡萝卜、橘子、咸鸭蛋。"你都走到门外了，她又补了一句说："对了，不要忘记再买点苹果回来。"你问："还有吗？""没了，买点酸奶吧。"

现在，请问，你去了超市之后，还记得你的爱人让你买什么东西吗？我想绝大多数人是记不住的。

如果我们使用归类分组，把需要买的东西稍微整理一下，就比较容易记住了。你可以告诉自己，要买水果、蔬菜和奶蛋这三类产品。而水果就买葡萄、苹果和橘子；蔬菜就买土豆和胡萝卜；而奶蛋产品就是牛奶、酸奶以及鸡蛋和咸鸭蛋。你看，这样重新组织语言，是不是就很容易理解和记忆了。

3．每一个论点都要有明确的思想。

每一个论点一定要言之有物，要有思想，才能支撑得起整个金字塔结构。

比如，我们给公司提意见，写总结的时候，这样写道："我们公司在员工管理上存在问题，下面我来说说为什么会出现这样的问题。"这样的论点就是言之无物的。而是应该这样写："我们公司的员工责任和激励制度不相匹配，导致绩效较低。"这样，我们的论点就清晰了。别人立刻就知道我们想要表达的内容是什么。只有这样的观点才是有价值的。

可以说，只要掌握了金字塔结构，我们就能够写好绝大多数的拆书稿。但是，当遇到传记类书籍的时候，金字塔结构就有点儿不好用了。因为金字塔结构比较偏向于工具书，而传记属于故事类书籍。

8.2 起承转合结构

我们要想讲好故事，就需要掌握另一种文章写作结构，也就是起承转合结构。让我们一起来看一个例子：

一天，一个老奶奶在路上走着，突然摔倒了。路人纷纷围着老奶奶，但是大家都怕被碰瓷儿，所以没有人愿意伸手扶老奶奶。这时候，一个小伙子站了出来，对同行的朋友说："我来扶老奶奶起来，你们帮我做一个见证，帮我录一个视频，这样做好事也不怕被冤枉了。"于是，这位小伙子在朋友的录像下，把老奶奶扶了起来，并送去了医院。最后，老奶奶向小伙子表达了感谢，同时也对小伙子的做法表示理解。

大家来看上面这个故事，它就是一个完整的起承转合结构。其中，第一部分"起"，我们要介绍最开始的情况，也就是老奶奶摔倒了，但是没有人愿意扶老奶奶起来这个事实。第二部分"承"，我们是在介绍为什么人们不愿意扶老奶奶起来。第三部分"转"，我们在讲主人公通过录视频的方式，既做了好事，又保护了自己。最后一部分"合"，我们讲了小伙子采取自我防范措施以后得到了表扬，这是结果。

大家看，起承转合四个部分结束之后，这个故事就十分完整了。它既不缺少因果关系，也不会让读者或听众感到莫名其妙。

其实，无论多么复杂的人物传记类书籍，只要抽丝剥茧，深刻剖析，都是遵循了起承转合规律的。只要按照这4个步骤来写，我们都可以出色地完成一本人物传记类的拆书稿。

【本节作业】

阅读《行动的勇气》这本书，利用起承转合结构，搭建一篇拆书稿的框架。

第9课　好稿子是改出来的，过稿率秒升50%

至此，我们已经了解了拆书稿的写作方法和文章结构。但是此时写出的文章依然不够出众。因为我们大多数人只是照着结构一板一眼地把它写了出来，但在口语化和内容拔高等方面，并没有下足功夫。

有的朋友可能会有疑问："为什么要口语化呢？我们把拆书稿写得华丽、深沉、高大上一些，不好吗？"

其实，好文章不一定是华丽的。因为一篇好的拆书稿，不是高深晦涩，而是深入浅出，让别人很容易理解这本书所讲的内容。

不仅仅是拆书稿，就连我们写文章，也不能一味地追求文采。有时候能够将文章写得浅显耐读，未尝不是一件了不起的事情。

比如著名诗人白居易，他每写完一首诗都要给不识字的老太太念一遍。老太太如果能听懂这首诗，就算是成功。若是老太太听不懂，他就会一直改到老太太能听懂为止。正是因为白居易作诗追求通俗易懂，他的诗才能妇孺皆知。

而口语化，就是通俗易懂最重要的前提条件。所以，下面我们就专门来谈一谈，如何让我们的稿子写得像是跟朋友聊天一样，通俗易懂。

9.1 为什么我们的稿子会出现不够口语化的情况

这个问题很简单，因为有些书本身就很学术，而且我们在读完这本书之后，并没有将学术化的语言和书面语言转化为通俗易懂的语言来进行书的介绍。

而不能转化成通俗语言来表达的原因又分为两个。

1. 语言结构的问题

比如，我们写论文的时候很喜欢写被动句，或者写复句，一环套一环的，而且特别长。而在文章中，多用主动语态会让文章更加口语化。所谓主动语态，就是说我们要多把主语放在前面。举个例子，我们不能说"通过什么，我发现了什么"；而要说"我做了什么，然后发现了什么"，这样表达会更加顺畅和符合大众逻辑。

2. 素材运用的问题

我相信大家都能明白素材对于文章的重要性。同样的文章，在逻辑大纲框架一样的前提下，差文章跟好文章的差距在哪里？其实就在素材上。

同一个选题，比如写父母应该如何跟孩子相处的时候，比较普通的文章会怎么写呢？它们往往在开头就给出结论，然后展开说自己是怎么跟孩子相处的，但是又没有给出事实依据，这就让人觉得并没有说服力。

但如果我们运用一些经典的素材，比如曾国藩怎么教育孩子的，一方面让文章更加充实，另一方面也可以立刻提升文章的档次。所以说运用素材的不同，文章的可读性就会有天壤之别。

有朋友对此产生疑问：我理解了口语化，但是并不知道自己写出来的文字是否符合口语化的标准。

那么在此，我就教大家一个验证文章是否口语化的方法。这个方法非常简单，就是大声地读出你写的文章。如果在朗诵的时候，你觉得自己的文章读起来非常拗口，那肯定是不符合口语化标准了。

9.2 如何利用小工具提高我们的成稿效率

解决了口语化的问题之后，接下来我们再看如何利用小工具提高我们的成稿效率。有些朋友问："我们写拆书稿是不是要先去购买书籍，然后再进行创作呢？"其实大可不必，因为等你买回来接着读完这本书，再下笔去写作，可能会过去相当长的一段时间。这是非常浪费时间的做法。我们可以借助以下两种小工具来节省时间，提高效率。

1. 读书类软件

在这里，我推荐两个比较好用的读书软件给大家。一个是微信读书，里面绝大多数的书是免费的，而且种类也比较齐全。另一个是 Kindle 阅读，即使我们没有买 Kindle 阅读器，也可以在手机上下载这个软件去阅读。

为什么我要推荐读书软件呢？因为利用软件去读书，可以大大缩短购买书籍的时间。这无形中就给我们节省了很多时间，非常方便。

同时，这些软件有两个非常强大的功能，一个是搜索，另一个是画线。搜索功能可以帮助我们快速定位书本中的关键词。这样我们就能比翻阅实体书更快地找到我们想要的素材。至于画线功能，是指我们在看书的过程中，遇到不错的素材就可以用画线的方式标注出来，然后再导出到文档中。这样我们在写稿子的时候就非常方便了。

2. 语音转文字软件

语音转文字软件的功能就是把输入的语音转化成文档。这里的语音可以是音频、广播，也可以是我们的谈话录音。当然，我们不用过分担心自己的普通话不够标准，因为现在的语音转文字软件十分智能，能够准确地识别我们所说的话。

一篇稿子不用写字，而是被我们"说"出来，进而再上传到电脑上进行编辑修改。这样写文章就会比手敲键盘要快得多，大大节约了我们的时间，提升了写作效率。

第 10 课　情感类拆书稿案例解析

情感话题自古以来都是很受人们关注的，尤其是两性关系和婚姻问题。据相关数据显示，我国离婚率连续 15 年上涨。离婚率不断攀升的背后意味着人们的情感问题也越来越多，同时，也反映了人们对婚姻质量的要求也越来越高。

因此，很多人都想从情感类书籍中找到共鸣，并学习掌握解决情感问题的智慧和方法。所以，情感类书籍早已成为拆书稿市场上很流行的一类必拆书籍。

那么，下面我就手把手地教大家如何用金字塔结构和起承转合结构来拆解《亲密关系》这本书，从而练习一下情感类书籍的拆书稿写作。

10.1 运用金字塔结构列出拆书稿提纲

在这里，我们先来回顾一下什么是金字塔结构？所谓金字塔结构，就是一种塔形结构。它是指任何一件事情都可以归纳出一个中心论点，而这个中心论点可以由 3 个到 7 个论据进行支撑。每一个论据本身又可以成为一个论点，同样也可以由 3 个到 7 个论据支撑，如此重复。这样的思维框架，形状就像金字塔一样，因此称为金字塔结构。

而我们拆书稿写作的第一个重点，往往就是如何制作大纲。换句话说就是如何找出中心论点，并且制作出准确的思维导图。只有这个部分正确了，我们的拆书稿才不会偏离轨道，才能朝着正确的方向迈进。所以，找出中心论点和分论点，对我们来说显得尤为重要。

第一步，找到金字塔的第一层结构。

所谓第一层结构，一般指的就是中心论点和本书的精髓。你别看它只有简短的一句话，但是承担了拆书稿画龙点睛的作用。因为这句精髓，概括了这本书的重点内容。

那么，我们如何找到《亲密关系》这本书的精髓呢？很多小伙伴在这时候都会选择赶紧把书籍打开，快速看完整本书的内容，可往往效果并不理想。

因为当你漫无目的地去读书的时候，你就会发现，尽管你花了很长时间去读书，读完还是没有丝毫收获。毕竟你没有带着问题去阅读。

既然不需要先读书，那我们怎么找到核心内容呢？答案就是阅读目录、序言以及网络上对这本书的相关介绍。因为这些内容很好地诠释了这本书的核心内容，我们不用看书，也可以把这本书的精髓用最短的时间找到。

《亲密关系》的目录：

第一章　亲密关系的圣杯

"寻找真挚永恒的亲密关系，其实就是寻找自我。"——克里斯多福·孟

第二章　月晕现象

"闪闪发光物，并非尽黄金。"——格言

第三章　幻灭

"我是与一个幻觉结婚，药效退了之后，我觉得他糟透了。"——一位案主

第四章　内省

"我对镜中人说话，问他能不能改变自己的态度。"——迈克尔·杰克逊的歌曲《镜中人》

第五章　启示

"跟我来吧，把昨日忘掉。走出你的心，向外跨一大步。"——哈特

新的起点

"我们会在深渊的边缘野餐，毫不理会情势的危险。"——电影《鲁本，鲁本》

感谢

说回到这本书，通过目录、前言和网络上的介绍，我们很快就找到了这本书的精髓，大概就是："了解冲突的背后原因，理解伴侣、理解自己的真实需求，最终我们便能够建立永恒而真挚的亲密关系。"

《亲密关系》拆书稿精髓部分：《亲密关系》的前言

你好，这期音频为你解读的是《亲密关系》，副标题是如何处理与伴侣之间的冲突，发展一段幸福的亲密关系。我会用大约 10 分钟的时间，为你讲述书中精髓：

了解冲突的背后原因，理解伴侣、理解自己的真实需求，最终我们便能够建立永恒而真挚的亲密关系。

不知道大家是不是这样的，刚谈恋爱那会啊，对方就是一个闪闪发光的存在。可是时间久了，我们也发现了对方身上很多让自己忍无可忍的毛病。我们会大吃一惊……

需要注意的是，这个精髓可能要反复修改多次才能够最终确定下来。这个过程大家一定不要嫌麻烦，因为定好拆书稿的基调之后，写稿就是水到渠成的事情。

到这里，我们金字塔的第一层，也就是本书的精髓已经确定了。

接着第二步，找到金字塔的第二层结构。

这里的第二层结构，就是我们拆书稿文章里的小标题。我们继续来看这本书的目录，虽然它的目录并不是特别的直观，但是我们结合一下序言，就会发现这本书的结构是按照感情的四个阶段划分的，这四个阶段分别包括月晕现象、幻灭、内省和启示。

有的朋友可能会觉得，既然这本书描绘了情感的四个阶段，那么我们就分别介绍一下这四个阶段的内容，并加一些解释，不就好了吗？这样听起来好像没问题，但是大家想想看，我们知道情感的四个阶段有什么意义，它又不能当饭吃。因此，我们写作的重点内容对读者有用才更加关键。

既然四个阶段作为分论点并不完美，同时，目录上也并不能找到我们需要的论点，那么此时我们就需要先大概浏览一下全书。在这里考考大家，之前课程里学过的读书方法还记得吗？它们分别是橘子阅读法和影像阅读法。

利用这两个读书方法，我们可以快速读完这本书。然后你就会发现，这本书的目的就是帮助我们维持长久的亲密关系。所以它的重点应该是在怎么维持上面。对应到这四个阶段，着重点也就落在了内省或启示阶段。

粗读全书的内容后，接下来我们将阅读重点放到内省和启示两个部分。

在内省阶段，书里介绍了我们在亲密关系中为什么会产生矛盾？而在启示阶段，书里又告诉我们要怎么解决亲密关系中产生的问题。所以很显然这本书的第二层级就是一个"是什么、为什么、怎么办"的结构。

那么经过整理，正文的三个部分就产生了，它们分别是：

第一部分：亲密关系要经历哪四个阶段？

第二部分：亲密关系中矛盾的来源是什么？

第三部分：我们该如何建立幸福的亲密关系？

说到这里，《亲密关系》这本拆书稿的提纲就已经列好了。这时候我们也不要着急去写，而是要回头看一下自己的这个提纲还有哪些需要调整，精髓内容有没有偏离书籍，等等。

别觉得这一步仅仅是列了一个提纲，其实它对拆好整本书至关重要。有的朋友就是因为没有做好这一步，导致整篇文章写完后才发现结构不合适，只能推翻重写。不仅浪费了时间，还大大浪费了我们的精力。

10.2 用起承转合结构填充正文部分的内容

上面我们已经根据金字塔结构列出了拆书稿初步的写作提纲。现在我们就可以去浏览全书，选取对我们有用的内容，来填充正文了。接下来，我将带领大家一步步进行拆解。

首先，来看第一个分论点：亲密关系要经历哪四个阶段？我们来看一下这段文字：

1. 亲密关系要经历哪四个阶段？

克里斯多福·孟认为，一段感情大抵要经历四个阶段，它们分别是绚丽、幻灭、内省和启示。

首先在绚丽阶段，两个人可以说是如胶似漆，分开一小会儿就会思念得不得了。而伴侣身上的优点，简直说上三天三夜都说不完，即使对方有些小毛病，在自己眼里都成了可爱的象征。

当你们的感情进入第二阶段，也就是幻灭阶段时，你会发现，原来他也不过是个普通人，他身上的臭毛病也不少。甚至，一些你原来十分欣赏的优点，在幻灭阶段反而成了分手的导火索。

遗憾的是，绝大多数恋人都是抱着非常高的期待走进爱情，但是他们没能熬过幻灭阶段带来的巨大落差，也没有能力让两个人都找到幸福，于是他们纷纷死在了幻灭阶段上。但是如果你能够度过这一阶段，并进入内省阶段，你就会有一种全新的体验。

内省阶段，也就是第三阶段，你会发现，即使对方的行为令人讨厌，但是你开始理解他为什么会这么做。更要命的是，你开始意识到自己也会做出那些令人讨厌的行为。你开始理解你的伴侣，同时也更加了解自己了。

最后，在启示阶段，两个人都接受了彼此的不足，携手共同成长。你们惊讶地发现，原来爱情竟然可以如此的充盈、美妙。这种美好带来的踏实感，比最初热恋时还要多得多。

现在我们知道了我们的感情将经历绚丽、幻灭、内省和启示这四个阶段，接下来……

这个标题下的内容很简单，我们只需从书籍里找出亲密关系所经历的四个阶段就可以了，它们分别是：绚丽阶段、幻灭阶段、内省阶段、启示阶段，然后我们需要对这四个阶段进行简单的阐述。

接下来，来看第二个分论点：亲密关系中矛盾的来源是什么？一提到来源这件事情，我们大概就会想到故事。没错，当我们讲故事或者叙述经历时，往往会用到我们讲的起承转合结构。大家继续看一下这段文字：

2. 亲密关系中矛盾的来源是什么？

其实，在亲密关系中，所有矛盾的根源都可以归结为权力斗争。【注：第一部分"起"】

权力斗争其实是人们试图在一段关系中掌握主导权的现象。比如说，我们努力证明自己是对的，我们希望对方能比自己更懂我、我们还希望对方能够按照自己的想法去做事，等等。

只要留心观察，你会发现这样的争执在亲密关系中无所不在，而人们为了平衡自己在一段关系中的权力，基本上都会采用攻击、情绪抽离和被动攻击这三种方法。【注：第二部分"承"】

我们先来说说攻击，这是最激烈，也是最直截了当的回应方式。人们互相诋毁、谩骂、指责，甚至拳脚相向。比如："我从来没见过你这么不要脸的人！""你一点也不为我考虑！"或者是："你给我去死！"之类十分伤人的话。

情绪抽离呢，说简单点就是冷战，就是不管对方在说什么，我都采取沉默和冷淡的方式回避争吵，完全无视对方的话语，让对方看起来像是无理取闹一样。

被动攻击呢，就是通过装大度、装可怜的方式站在道德制高点上，让对方感到内疚自责。比如：你去忙吧，不用在乎我，反正我在你心里又不重要。再比如：我为你牺牲了这么多，你为什么不理解我？

然而，不管是攻击、情绪抽离还是被动攻击，这三种方式都无法真正解决感情问题！【注：第三部分"转"】

因为我们忽视了对方负面情绪背后的真实需求。我们不能光听对方说了什么，我们更要听懂对方没说什么。

在心理学上，负面情绪是一种反映自己内心真实需求的信号，它揭示了自己内心从未被注意到、从未被满足的渴望。不信你听：

当你抱怨伴侣"回家什么事也不做，天天就知道玩手机！"的时候，说明你的内心是渴望被体贴的。当你抱怨伴侣做决定时从来不和你商量，说明你是希望被尊重的。当你吐槽男朋友放不下前任时，说明你内心是渴望被关注、被宠爱的。

所以，你发现了吗？我们与伴侣所有的冲突，本质上都是自己和内心的冲突，而当我们在指责、抱怨别人时，实际上都是在表达自己内心的需求。【最后一部分"合"】

什么是起承转合结构呢？让我们一起来回忆一下。所谓起承转合结构，是写作常用的一个技巧，说的就是事件或人物完整的发展过程。

其中，第一部分"起"，我们要介绍最开始的情况，也可以直接给出结论。所以我们的开头可以这样写："在亲密关系中，所有矛盾的根源都可以归结为权力斗争。"

第二部分"承"，一般是指这个结论或问题是如何产生的。在这里就是要介绍为什么矛盾的根源是权力斗争。那书里是怎么讲的呢？我们找到的答案是：因为人们为了平衡自己在一段关系中的权力。

而为了平衡这种权力基本上都会采用攻击、情绪抽离和被动攻击这三种方法。找到这三种方法之后，我们紧接着继续填充内容就可以了。

第三部分"转"，就是转折的意思。攻击、情绪抽离和被动攻击这三点就能解决感情问题吗？并不能。于是这里就要出现转折了。所以我们可以这样写："然而，不管是攻击、情绪抽离还是被动攻击，这三种方式都无法真正解决感情问题。因为我们忽视了对方负面情绪背后的真实需求。我们不能光听对方说了什么，我们更要听懂对方没说什么。"

最后一部分"合"，是总结的意思，需要我们给出最后的结果。所以我们可以这样写："所以，你发现了吗？我们与伴侣所有的冲突，本质上都是自己和内心的冲突，而当我们在指责、抱怨别人时，实际上都是在表达自己内心的需求。"

你看，就这样一个起承转合的结构，我们就把第二部分内容讲得既有条理又好理解了。

最后，我们来看第三个论点：如何建立幸福的亲密关系？

3. 我们该如何建立亲密关系？

其实很多恋人死在幻灭阶段上，最大的原因是他们只看到了自己，却没有看到彼此。

当你的伴侣言辞激烈，做出伤人的举止时，我们不妨放弃争吵，不再纠结自己的立场是否正确，而是平静地让痛苦浮出水面，接受它的存在，关注彼此的感受和需求，如此，我们便可以接受自己和伴侣的本来面目，携手共同成长，变成更好的人。

那我们具体该怎么做呢？

克里斯多福·孟提到了一个特别有意思的方法，叫作"接受阴影人物"。这个方法很简单，只有三步。

首先第一步，我们需要寻找对方让我们受不了的特质，并且换位思考，他到底怎么了？是不是我做了什么伤害他的事情？

第二步，我们观察一下自己是不是也有和对方一样的特质？尤其思考自己的不足是不是也让对方难以接受？

第三步，告诉自己另一半身上有哪些优点。然后你会发现，自己的另一半其实还是自己最初爱上的那个人。

伴侣之间可以通过重复这三步，发现并纠正自己身上的不足，同时重新审视对方身上的优缺点。将这三个步骤重复下来，你会逐渐接受彼此身上令人讨厌的特质，也就是我们身上的阴影人物。你会发现，你们俩都变得更好了，而且感情也更加融洽起来。

很显然，这部分是在讲方式方法。在书里，克里斯多福·孟提到了一个特别有意思的方法，叫作"接受阴影人物"。这个方法很简单，只有三步。

然后，我们把这三步逐一阐释清楚，进而再增加一些自己的看法和观点。至此，如何建立亲密关系这一部分就讲清楚了。

需要注意的是，说完了这三步，我们需要对这一部分做一个总结。因为总结可以让读者更好地理解这部分内容。而总结一般是内容的升华，告诉大家这样做的好处以及对大家产生的影响即可。

到这里，让我们一起来总结一下拆书稿的写作过程：首先，我们利用金字塔结构搭建框架并制作思维导图，接着，我们用起承转合结构去填充正文内容。只要我们可以活学活用前面讲到的这两个写作结构，再难写的拆书稿也就因此变得很简单了。

10.3 修改润色文章

文章写好了，很多朋友都会觉得，终于完稿，赶快扔给编辑万事大吉。殊不知，好文章都是改出来的，编辑很可能因为你的一处小错误而拒绝你的稿件。同时，你也可能因为自己的文章质量问题，而拿到一个标准很低的稿费。

那么写完文章后还要做哪些工作呢？修改润色文章也是最重要的一步，

具体我们可以分三步走：

第一步，通读全篇文章，修改错别字、标点符号、语句不通顺的地方等基本问题；然后检查字数、格式等是否符合平台的要求，精简那些啰唆的句子，再检查全文是否有自己不能理解的内容。

第二步，再一次通读全文，重点检查文章的结构，每一部分、每段之间是否衔接顺畅且符合逻辑。比如，这本书的第一部分拆解完后，我们可以加这样一句话："现在我们知道了我们的感情将经历绚丽、幻灭、内省和启示这四个阶段，接下来我们谈谈，究竟是什么导致人们的感情卡在幻灭阶段，迟迟不能找到爱情的真谛呢？"从而引出下一部分的内容，和下一部分紧密衔接。

第三步，拔高拆书稿的内容质量。比如，检查哪一部分写得比较死板，是不是可以举个更有趣的例子；哪些方法步骤介绍得比较笼统，然后加以细化，让读者更容易理解和操作；再或者，哪句话可以通过修改变成朗朗上口的金句或者更口语化，尤其是开头和结尾的部分，能不能写得更吸引人。

比如，正文第二部分出现了"权力斗争"这个名词，我们解释了："权力斗争其实是人们试图在一段关系中掌握主导权的现象。"但还不是很好理解怎么办呢？我们可以补充举例，可以这样写："比如说，我们努力证明自己是对的、我们希望对方能比自己更懂我、我们还希望对方能够按照自己的想法去做事，等等。"

这样写出来的文章，让编辑和读者不喜欢都难了。

【本节作业】

请阅读《亲密关系》，写一篇3000字的拆书稿。

第11课　职场类拆书稿案例解析

一提到职场大家能想到什么？很多人肯定会说：升职、加薪、老板以及绩效等。这些事情会令每一个身在职场的人感到头疼。所以，关于如何提升职场技能的书，同样是拆书稿市场上很流行的一类必拆书籍。

那么今天，我们就以这本《深度工作》为例，一步步教大家如何拆解职场干货类的书籍。话不多说，我们一起来看看吧！

11.1 明确定位，确定精髓

一般情况下，职场类的书籍分为两类。第一类就是职场故事类，主要以故事为主线为大家讲解关于职场的人文趣事；第二类就是职场干货类书籍，通常情况下，这类书籍都具有较强的实用性，书籍作者的目的是告诉我们如何解决某一类职场问题。

所以当我们在写这类书籍的拆书稿时，一定要站在观众的角度去思考一个问题："这本书到底能给听众带来什么样的帮助？"

而一本书的意义往往会出现在它的前言。比如《深度工作》的前言部分，就有这么一段话，我们一起来看一下。大家在心里默读一下这部分的内容：

书有两个目标，分两部分进行阐述。第一个目标在第一部分实现，旨在让你相信深度工作假设的真实性。第二个目标在第二部分实现，旨在教会你如何利用这个机会，训练你的大脑，转变你的工作习惯，使其成为你的职业生活的核心。

大家看完这段话是什么感受呢？没错，我们很容易便了解了《深度工作》这本书想要解决的问题，那就是如何通过某些具体的方法，让自己的大脑可以集中注意力，从而提升工作效率。

那么到此，我们便从前言中提炼出了本书的中心论点，也就是拆书稿里的精髓：什么是深度工作，如何通过深度工作，让我们的工作和生活更高效。

11.2 根据目录来搭建思维导图框架

制作思维导图的环节很重要，在这里，我们还是分两个步骤给大家进行讲解：

第一步：通过观察书籍题目和腰封这些细节，大体确定思维导图包含的要点。 一般来说，拆解职场干货类书籍时，大体都是按照"是什么，为什么，怎么办"的基本思路来做的。

所谓"是什么"，指的是这个概念或者这件事到底是什么，我们应该怎样定义它；而"为什么"指的是为什么要提出这个理念或者为什么会有这样一类东西；"怎么办"指的是如何实践这个理念或者从事某项工作。

按照这个思路去思考，在还没有正式开始看这本书之前，我们就已经可以先在脑海中描绘一个大纲。大概是这样的：第一，什么是深度工作？第二，为什么要提出深度工作这个概念？第三，怎么才能让我们的大脑进行深度工作？

而在这里，"深度工作"这个概念比较简单，我们不需要进行太多的解释，于是我们浓缩成的两个分论点分别是：第一，为什么要提出深度工作这个概念？第二，怎么才能让我们的大脑进行深度工作？

第二步：根据书籍目录，制作准确的思维导图。

让我们一起来看一下《深度工作》这本书的目录。

第一部分　理论

1. 深度工作是有价值的

高级技术工人

超级明星

所有者

如何在新经济形势下成为赢家

深度工作帮助你迅速掌握困难
的事物

深度工作有助于精英级产出的
实现

杰克·多西是怎么回事

2. 深度工作是少见的

度量的黑洞

最小阻力原则

忙碌代表生产力

对互联网的顶礼膜拜

对生意来讲是坏事，对个人来
讲是好事

3. 深度工作是有意义的

从神经学角度论证深度

从心理学角度论证深度

从哲学角度论证深度

深度智人

第二部分　准则

准则 1 工作要深入

选定你的深度哲学

习惯化

要有大手笔

不要独自工作

像经商一样执行

图安逸

准则 2 拥抱无聊

不要不断分心，而要不断专注

像罗斯福一样工作

有成果的冥想

记住一副牌

准则 3 远离社交媒体

在你的网络使用习惯中采用关
键少数法则

戒掉社交媒体

不要用网络来消遣

准则 4 摒弃浮浅

一天的每一分钟都要做好计划

定量分析每一项活动的深度

向老板申请浮浅工作预算

5 点半之前结束工作

变得不容易联系到

图 2.8《深度工作》目录

从上图中大家可以看出，《深度工作》这本书的目录只有两个部分，分别是理论和准则。

其中理论部分被细化为三章，讲得分别是深度工作的价值，干扰人类深度工作的因素以及深度工作在神经学、心理学以及哲学角度的意义，而这三章，基本属于"为什么"。

第二部分讲的是准则，其实就是训练深度工作时，我们所采用的具体方法，属于"怎么办"部分。

所以根据目录和之前初步设定的两个要点，我们可以细化出本篇思维导图的大纲是：第一，我们为什么需要深度工作，这部分对应的是深度工作的重要性；第二，为什么现代人很难达到深度工作，这部分对应的是深度工作的干扰因素；第三，有什么方法，可以让我们的大脑进入深度工作状态，这部分对应的是准则。

还记得之前我们提到的金字塔理论吗？实际上，这三点也是三个中心分论点。

需要注意的是，在目录中的准则1下面，有一个标题写的是"选定你的深度哲学"，一般来说，如果目录中出现带有"选定""划分""某几种类型"之类的标题时，这部分标题下的内容我们需要单独作为一部分。

这是因为这部分内容常常会涉及人群的划分和选择。就像《深度工作》这本书，书里关于"选定你的深度哲学"这部分内容，讲的是教会人们根据自身工作的性质，选择适合自己的深度工作的节奏。

这部分内容有助于帮助人更好地锻炼自己的大脑进行深度工作，所以在写思维导图的时候，我们可以单独拎出来一个中心论点。

至此，这本书拆解出了四个中心论点。它们分别是：第一，我们为什么需要深度工作；第二，为什么现代人很难进入深度工作状态，第三，深度工作可以分为哪几个类型；第四，有什么方法，可以让我们的大脑进入深度工作。

确定好中心论点之后，我们要做的就是在目录中**寻找中心论点的分论点**。

拿《深度工作》的第一个中心论点来说，我们为什么需要深度工作？看目录我们就便知道，深度工作的意义有两点，第一，帮助我们迅速掌握困难的事物，第二，有助于精英产出的实现。

因此关于思维导图的第一部分，我们可以像下图一样罗列出来。

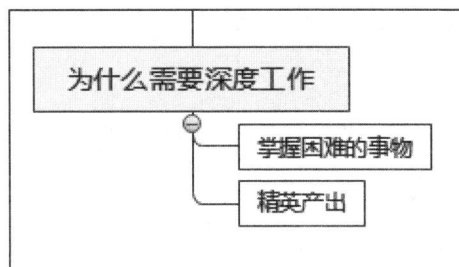

图 2.9《深度工作》拆书稿思维导图部分

根据同样的方法，我们可以寻找到第二部分和第三部分分论点。所以最后，呈现出来的思维导图如下图所示。

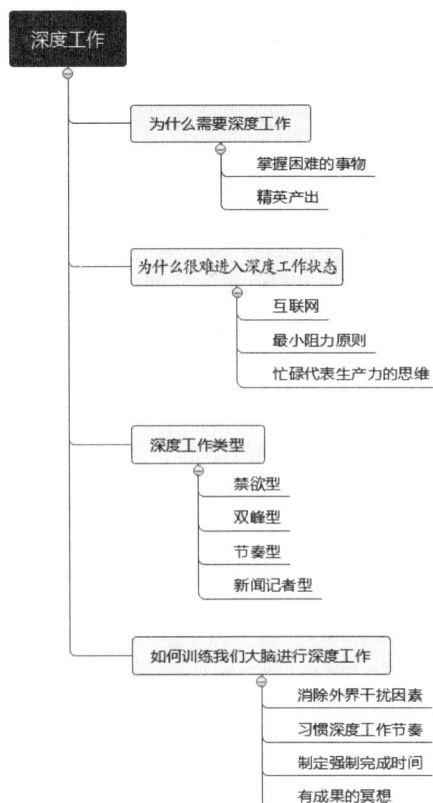

图 2.10《深度工作》拆书稿思维导图

这里要补充一下，这本书的第三个中心论点，是关于深度工作的划分。单从本书的目录来看，我们是无法知道深度工作分为哪几个类型的，所以，关于这部分的论据，我们只能在本书的正文中寻找。

11.3 寻找相关例子，填充正文

大家想一想，一篇文章的重点内容在哪里？我认为是大纲和正文。

所谓大纲，在拆书稿里就是思维导图部分。刚刚我们很详细地介绍了思维导图的制作过程，下面我们讲另一个重点部分正文。

拆书稿的正文写作其实非常公式化，因为我们在制作思维导图时，已经把正文的4个分论点（正文的4个标题）列出来了。接下来我们需要做的，就是把这4个标题下的内容，进行填充即可。

我们还是以第一部分为例。当阅读完正文第一个章节之后，我们知道了当今时代，之所以需要深度工作，是因为我们如果想从事较高水平的工作，前期就需要学习大量的知识和技能，后期就需要持续地比其他同事产出更高水平的价值。

因此根据这个观点，我们就可以到书的正文中找出具体的事例来证明。比如，书里有两个例子可以证明我们的观点：第一个是高级电脑程序员的故事，第二个是学术论文产量的故事。

我们可以采用其中一个故事来当第一部分正文的重点内容，当然也可以同时采用这两个故事，大家可以视情况而定。

接着，我们可以采用同样的方法去细化其余三个部分。

但在填充的过程中，我们需要注意三点内容，它们分别是开头部分的痛点描写；内容之间的过渡问题以及每一个二级标题之间如何使用并列连接词。

先来说第一点，开头部分的痛点描写。

刚刚我们了解到，职场类书籍是为了解决读者职场中的某类问题。所以在拆书稿的开头，我们通常都用生活中某个具体的场景来吸引听众。只有讲述这些大家都有的共同经历，人们才会产生更多的共鸣。因此在《深度工作》这本拆书稿里，我们采用的是"加班"和业余学习没时间的问题作为痛点来进行破题。

选用生活化的场景作为开头，其好处就是，更容易引起听众的共鸣。大家听到这个场景就能感同身受，他们也会更有兴趣地往下听。

再来说第二点，内容之间的过渡。

《深度工作》的第一部分和第二部分的大纲分别是：我们为什么需要深度工作和为什么现代人很难进入深度工作状态。当我们写完第一部分时，需要采用一个承上启下的段落总结第一部分的内容，同时自然地过渡到第二部分，而这个段落就显得十分重要：

现在，我们已经知道深度工作可以帮助我们迅速掌握复杂的事物，以及让我们实现精英产出。【注：总结上文】其实，很多人知道深度工作的价值，他们只是做不到而已。【注：引导下文】接下来，我们将讲解本书的第二部分，什么原因导致我们的大脑无法进行深度工作呢？【注：承上启下的段落】

通常情况下，这个衔接只需要两句话，第一句总结上文，第二句引导下文。并且要做到自然和舒服，才能让听众觉得是天衣无缝，同时让他们产生继续听下去的冲动。

最后，我们来说第三点，**每一个二级标题之间如何使用并列连接词。**

在一篇拆书稿里，不仅有全文的中心论点，而且还拥有二级甚至三级论点。而且每个部分的分论点之间，一般都是并列关系。所以我们可以采用"**首先—其次—最后**"这样的句式来过渡。

比如《深度工作》的第三部分，讲的是训练深度工作的四个方法。那么我们可以这样来使用连接词：

首先我们要做到的就是消除外界干扰大脑的因素……接下来我们需要将

深度工作变为自己的一种习惯……然后我们就需要在预估深度工作时间的基础上，给自己制定一个强制完成的截止时间……最后我们能够进行一些有成果的冥想，来帮助自己的大脑适应……

最后需要提醒大家的是，拆书稿的目的是让大家用最短的时间学到知识，同样需要用最短的时间来吸引到读者。因此它不仅需要写拆书稿的人拥有强大的思维逻辑能力，还需要作者是一个好的销售员，尽可能用最短的时间让这本书变得更具吸引力。只有做到易懂和耐读，才是一篇真正优秀的拆书稿。

【本节作业】

请阅读《深度工作》，写一篇3000字的拆书稿。

第 12 课　个人成长类拆书稿案例解析

很多明星或者某个行业的知名精英，都会在功成名就之后出一本书，以此记录自己从奋斗到成功的经历。即使本人没有出书的打算，他们的亲人或后世的人都会有意地去收集他们的过往，整合成一本书出版。

这种个人成长类的书籍通常都是以传记的形式出现。因为传记主人公自带的光环和号召力，所以这种书籍非常容易畅销，也常常受到拆书稿平台的青睐。

下面我们就以《富兰克林自传》为例，来讲解一下如何拆解个人成长类书籍。

12.1 拿到一本自传，确定主题

什么是传记呢？简单地说，就是把典型人物身上发生的一些事情整理起来，编成一部书籍，它的目的就是通过这个人物的经历，来表达某种价值观和精神理念。所以一本传记通常有以下两个明显的特征。

第一，书里的主人公有很强的代表性。就像《我的前半生》和《马克·吐温自传》里的两位主人公，前者是中国历史上的最后一个皇帝爱新觉罗·溥仪，后者是闻名世界的大作家，这两个人分别代表着一个朝代和一个领域。

下面我们要拆解的这本书《富兰克林自传》，书中主人公本杰明·富兰克林，是美国名人百人榜的成员之一，在科学、创业、发明等领域都做出过巨大的贡献。而且这本自传囊括了他一生的主要成就，代表了美国开国时期的那一代人。

第二，传记本身具有很强的启发性。和职场、亲子育儿类这种实用性的图书不同的是，人们读完一本好的传记后能得到一些有益的感悟和启发。比如说这本《富兰克林自传》，它里面讲述了富兰克林是如何脱离家族的控制，如何实现阶级突破以及他又是如何一个人从事多个行业的。这些事迹可以让我们学习富兰克林身上的一些精神品质，进而来完善我们自己。

通常情况下，拿到一本传记的时候，我们可以先在网上查看一下这本书和书里主人公的介绍，大致了解一下这本传记的上述两个特征。这样我们就可以在写拆书稿的时候，清楚地知道自己要表达的重点内容。

12.2 根据目录和正文，制作一个完整的思维导图

跟之前一样，我们需要从传记目录中梳理出一个大概的思维导图。

一般来说，我们拆解一本人物传记的时候，要么选取主人公三个到四个时间段的经历来写；要么就是选取主人公多方面的成就来写，而如何选择写作要点，往往是从目录中找到的。下面我们来看一下《富兰克林自传》的目录：

第1部	正传前言 家族逸事 少年印刷工 兄弟失和 独闯费城 总督的"赏识" 与科林斯的交往 费城生活 与拉尔夫的交往 伦敦的印刷工生涯 再返费城 再与凯默合作 我的思想观 合伙创办印刷所 创办讲读俱乐部 办报成功 自立门户 结婚 建立订阅图书馆
第2部	两封来信 续传说明 公共图书馆的建立 读书是我唯一的乐趣 道德圆满计划
第3部	我的政治观 我的宗教信仰 《穷理查年鉴》 编报心得 汉姆菲尔牧师 苦学多种外语 回到波士顿 读书俱乐部壮大 初入政坛 热心公益事业 怀特菲尔德牧师

图 2.11《富兰克林自传》目录

通过目录，我们可以看出，书里内容大概分为三个部分，我们依次来简单解读一下。

首先，我们来看第一部分的目录。大家看，这里面有一条很明显的时间线，那就是"少年印刷工""独闯费城""费城生活""再返费城"。一个有经验的拆书稿作者，不需要看书就能猜出这部分写了富兰克林少年时期的成长和打工，接着写了他初次来到费城，随后离开费城以及再次返回费城的人生经历。

　　那么在这四个时间段里，富兰克林分别经历了哪些事情呢？我们看每个时间段的下面都有几个具体事件的目录名，比如说在"少年印刷工"时间段的下面，紧接着一个"兄弟失和"的目录名，然后才是"独闯费城"。根据这一点，我们可以猜测，在少年时期，富兰克林可能与家族兄长发生了矛盾，因此他才可能离家出走，独自一人来到费城。

　　第一次来到费城，富兰克林经历了什么？我们看一下"独闯费城"下面，有两个目录名，分别是"总督的赏识"和"与科林斯的交往"，然后才是下一个时间段"费城生活"。通过这两个目录名我们可以推断出，最初来到费城的时候，富兰克林可能认识了某个总督，并且结交了一个叫科林斯的朋友，然后才开始正式的"费城生活"。

　　那么采用同样的方法，我们可以推断出富兰克林在"费城生活""离开费城"以及"再返费城"这三个时间段的具体经历。

　　就这样，我们甚至没有看书，只需要凭借目录就已经弄懂了第一步部分的时间轴，以及每个时间段富兰克林的大体经历。

　　其次，我们来看第二部分和第三部分，这两个部分没有具体的时间线，目录要么就是主人公对一些事件的概括和思考，比如说"读书是我唯一的乐趣""我的政治观"，其余都是富兰克林的一些琐碎经历。仅凭这些内容，我们无法画出一条主线来。

　　这时候，我们可以查看网上的资料，了解到这两个部分是富兰克林在1784年到1788年的经历，其中包括他在慈善事业、发明等不同领域的成就，以及他的一些人生价值观。

到这里，我们通过目录和网络上的资料，梳理了一下这本书的大概内容。当然，关于富兰克林更加具体的人生经历，我们还要读了正文才能知道。不过我们可以先尝试着制作一个大概的思维导图。

思维导图的主体部分分为三点：第一点是写富兰克林少年时期的成长经历。第二点是写富兰克林来到费城之后的经历。这两点是根据目录的第一部分得来的。思维导图的第三点选取的是富兰克林在科学领域的成就。这一点是根据目录的第二部分和第三部分得来的。

最后制成一个初步的思维导图如下。

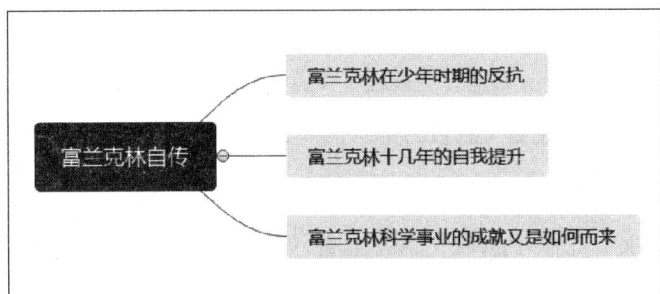

图 2.12《富兰克林自传》思维导图雏形

12.3 思维导图成型

怎么才算是完善的思维导图呢？就是在导图中写出大体的事件以及事件带给我们的启发。

先看正文的第一部分，我们知道了富兰克林在少年时期最大的阻力来自他的兄长。因为他热爱写作，可是兄长老是打压他，限制他的发展。这也是富兰克林离家出走的直接原因。

通过这段经历，我们可以看到富兰克林擅于独立思考的品质。

而他来到费城之后的经历，更多的是讲他如何通过个人的努力实现阶级跨越。这段经历，体现了他热爱阅读，并且严以律己的精神。

那么，根据读到的内容，我们可以如下图一样，先去完善思维导图的第一段和第二段。

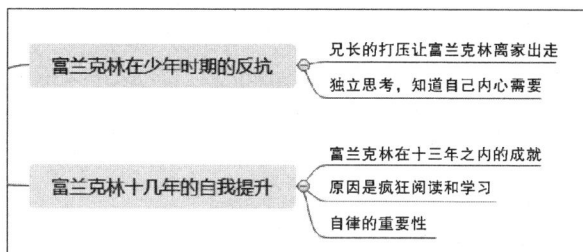

图 2.13《富兰克林自传》思维导图局部

接着，根据正文的第二部分和第三部分，读取正文中关于富兰克林的科学成就的章节，并完善思维导图的第三部分。

最后，我们整合一下，就是一张完整的思维导图，一起看一下吧。

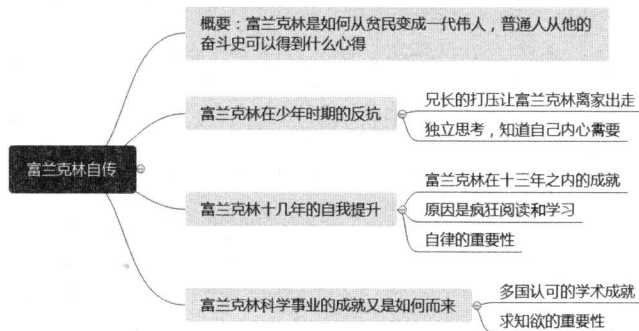

图 2.14 完整的《富兰克林自传》思维导图

12.4 填充正文

这里给大家介绍一个填充正文的小技巧。

如果我们填充的部分写的是主人公的成长经历，那么我们就按照起承转合的结构去扩写。

首先，我们需要写出主人公发生了什么事情；其次，我们需要写出这件事情最后导致了什么样的结果；最后，我们需要写出这个事件给我们什么样的启发。

如果这部分写到的是主人公具体某方面的成就，那么结构又有一些不同。

在这里，我们就要先写结果再写经过，最后才能写启发。也就是首先写主人公取得了什么样的成就；其次写他是如何取得这方面的成就的；最后写他做出成就的经历带给了我们什么样的启发。

按照这个逻辑，我们来依次填充正文的三个部分。

首先，我们看第一部分，富兰克林在少年时期的反抗。读完整本书，我们知道了富兰克林 17 岁的时候，因为受到兄长的打压而离家出走。这是一个具体的事件，那我们可以先写一下富兰克林的原生家庭是怎样的，他的兄长是如何对他的；然后写一下他离家出走的结果；最后写独立思考的重要性。

其次，我们来填写第二部分，富兰克林十几年的自我提升。这一部分写的是富兰克林之所以能在十几年间从工人变成在创业、科学、政治等领域都做出巨大成就的名人，是因为他一直都坚持阅读和学习，不断地提升自己。这部分描写的是富兰克林的成就，所以我们在填充内容的时候，是按照"先写结果，再写经过，最后写启发"的顺序扩写这部分内容。

具体的扩写方法就是，我们先概括一下富兰克林这十几年的成就；然后再去描写他是如何通过自律和读书取得这样的成就；最后得出自律和读书的重要性。

最后我们来看第三部分，富兰克林科学事业的成就又是如何而来。很明显这部分讲的也是人物的成就，所以我们在用起承转合的结构时，也是按照"先写结果，再写经过，最后写启发"的顺序去填写。在此就不过多地展开叙述了。

到这里，这本《富兰克林自传》拆书稿的拆解就已经完成了。最后我提醒一下各位小伙伴，正如前面所说，个人成长类的拆书稿注重的是带给听众正确的价值观和精神，所以我们可以把稿子中的句子写得优美一点，不要干巴巴的。

比如，在这本书的拆书稿中，我们要写独立思考的重要性时，可以加一些我们自己的领悟和思考，比如下面一段话，就是在读完书之后进行的自我思考：

作为弱者的个人，常常会被强者要求"应该怎么做"，他们从来不会过问我们自己想要什么。一味地言听计从，只会限制我们自身的发展，让我们变成一个思想的罐头，而不是一个独立且完整的人。

反抗不等于叛逆，它是我们独立思考的开始，也是人格独立的第一步。

怎么样？这样一来是不是提高了整篇文章的欣赏性，让听众更容易接受独立思考这个理念呢？

以上就是关于拆解个人成长类书籍的讲解，希望通过我的讲解，对大家进行个人成长类书籍的拆解会有更大的帮助。

【本节作业】

请阅读《富兰克林自传》，写一篇 3000 字的拆书稿。

第13课　育儿类拆书稿案例解析

下面我以《正面管教》为例子，给大家讲解一下育儿类书籍的拆书过程。

首先我们来看第一部分，确定拿到的书籍特征及类别。

其实，大部分育儿类书籍，目的都是帮助父母更好地教育孩子，让孩子更加健康的成长。所以这类书籍往往是帮助父母解决孩子在成长中遇到的烦恼问题。比如《火孩子水孩子》这本书的主题，就是帮助父母解决孩子抑郁、多动症等问题。而这本《正面管教》，讲的就是父母该如何管教有不良行为的孩子。

通常，当我们拿到一本亲子教育类书籍，首先要问自己两个问题，第一，这本书能为家长带来什么启发？第二，为什么要选择这本书来拆解？

比如这本《正面管教》，读完前言，我们就可以知道，这本书想要教会读者如何教育自己有不良行为的孩子，也就是我们俗称的"坏孩子"。可是市面上类似书籍不止这一本，为什么一定要拆解这本书呢？

这时候，我们就需要去网络上搜索一下相关介绍，通过了解读者的评价我们就会知道：首先，这本书非常畅销，被翻译成多种语言；其次，这本书运用了著名心理学家阿德勒的个体心理学理论。

了解完这本书的特点，接下来我们来看第二部分内容，根据目录来对章节分类，选取最有用的章节来阅读，并完成思维导图的制作。

这类书籍和其他干货类书籍一样，采用的是"问题解决"型的思路来编写的，这本《正面管教》也不例外。

所以这本书，我们可以采用"是什么—为什么—怎么办"的思维结构。因此大体思路我们不看书也可以这么来划分：

第一，我们现在面临的这个问题是什么？

第二，为什么会出现这个问题？

第三，怎么解决这个问题？

我们再来看一下这本《正面管教》，首先我们已经搞清楚了书中要解决的是父母"管教"有问题行为孩子的问题。因此我们把正面管教代入进去，不用看书就已经有了大体的思路。那就是：

第一，什么是正面管教？

第二，为什么要提倡正面管教？

第三，父母怎么做，才是正面管教呢？

根据金字塔结构，这三句话通常可以直接成为三个初步的中心论点。然后我们来看《正面管教》的目录：

第1章正面的方法，第2章几个基本概念，第3章出生顺序的重要性，第4章重新看待不良行为，第5章当心逻辑后果，第6章关注于解决问题，第7章有效地运用鼓励，第8章班会，第9章家庭会议，第10章你的性格对孩子性格的影响，第11章综合应用，第12章家里和教室里的爱与欢乐。

《正面管教》的这12章节非常有规则感。我们大致可以把第1章和第2章归类为"是什么"的范畴，把第3、第4、第5章节可以归类为"为什么"的范畴，把第7到第9章节归类为"怎么做"的范畴。

这时，有小伙伴会提出疑问：为什么我们需要在这里根据目录将章节分类呢？这是因为如果我们能知道每个章节的大体内容，就可以只选择那些对我们最有用的章节去读，这样就大大节省了写拆书稿的时间。

既然前面我们已经把金字塔结构的三个中心论点写了出来，当我们选好了有用的章节后，接下来就开始阅读正文，寻找分论点和例子，再去论证我们的中心论点就可以了。

比如，我们的第一个中心论点：**什么是正面管教**？根据书里的内容，我们可以提取这么一句话："它指的是一种既不严厉也不娇纵的教育风格，这种管教是以和善与坚定为基石。"

到这里，《正面管教》这本书思维导图第一部分的论点和分论点都已经完成，大家可以看一下。

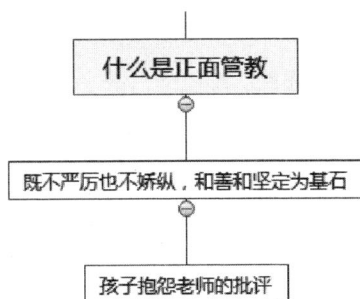

图 2.15《正面管教》思维导图第一部分

然后我们再去书里寻找可以解释这个分论点的例子。比如，当孩子抱怨老师批评他时，家长应该怎么做？又应该如何体现正面管教？

需要注意的是，我们一定要在例子中写出娇纵和严厉的管教对孩子的危害，而正面管教又是如何处理的，以及最后的结果分别是什么。只有这样才能形成鲜明的对比，最大化地体现出正面管教的好处和意义。在这里，我附上《正面管教》拆书稿第一部分的详细版大纲，大家看一下：**什么是正面管教**？

解释观点：是一种既不严厉也不娇纵，以和善与坚定为基石的管教。

举例子：小孩被老师当众批评，回家抱怨。娇纵的做法是家长不问原因去和老师理论，严厉的做法是再一次批评孩子。正面管教的做法是第一表达对孩子的理解和同情，第二告诉孩子自己的感受和看法，第三告诉孩子如何化解心中的怨气，以及避免类似事情再次发生。

按照类似的方法，同样，我们来构思一下思维导图的第二部分内容：**为什么要提倡正面管教**？

在书中，作者做了一个对比，就是当孩子出现不良行为时，正面管教和传统管教分别是什么样子。传统的管教方式是家长用惩罚或强迫的手段逼着孩子改正自身的行为。最后的结果很有可能激发孩子的逆反心理，而让孩子变本加厉，在错误的道路上越走越远。

而正面管教的方式是家长先让孩子说出当下的感受和心情，以此来了解孩子不良行为背后的真正原因，然后家长再告诉孩子自己的看法和观点，帮助孩子解决问题。

按照这个解释，我们可以举一个孩子不想做作业的例子。

所以我们第二部分的思维导图可以细化成这样：

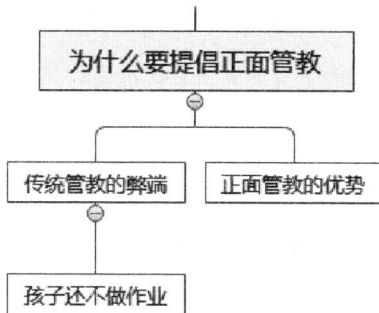

图 2.16《正面管教》思维导图第二部分

详细版的大纲如下：

面对孩子的不良行为，不同的管教会有什么样的后果。

解释一：孩子不良行为的具体原因：求得关注、寻求权利、暴躁和自暴自弃。

例子：不做作业的孩子很有可能是找不到价值感而自暴自弃，也有可能是无法忍受老师和家长的强迫想要寻求权利。

解释二：传统教育的弊端。

例子：家长不问原因打骂孩子，让孩子更加厌恶作业和学习，成绩越来越差。

解释三：正面管教的作用。

例子：可以让孩子说出自己的感受，让孩子与家长敞开心扉交流，家长也可以在了解孩子的心理原因后，指导孩子。

接下来我们来看第三部分的细化方案：如何进行正面管教。

第三部分讲的是具体的方法论，刚好对应《正面管教》中的第6章到第9章。第6章讲的是家长如何指导孩子解决问题，第7章讲的是家长如何合理地鼓励孩子，第8章和第9章讲的是如何利用班会和家庭会议教育孩子。

所以第三部分，我们需要把这四个章节提供的方法都写来，并在文中寻找合适的例子，解释一下怎么使用这些教育方法，细化的具体结果如下：

父母如何对孩子进行正面管教。

方法一：了解孩子行为背后的原因。

例子：和平交流，鼓励孩子说出自己的感受。

方法二：引导孩子学会解决问题。

例子：表达自己对孩子行为的看法，并告诉孩子正确的是非观念。

方法三：鼓励孩子找回自我价值感和归属感。

例子可省去。

方法四：巧妙运用班会和家庭会议。

例子：在孩子放学和做完作业之后，开一次家庭会议……

到这里，我们已经细化好了本书的大纲，整合起来就是我们的思维导图了。

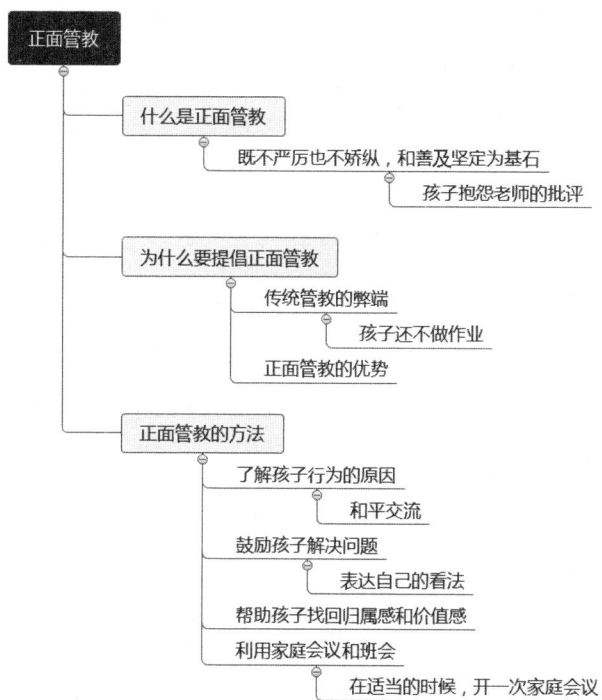

图 2.17《正面管教》思维导图

当制作好思维导图后，我们来完成拆书稿的**最后一步，如何进行正文填充。**

这一步很简单，相当于大纲内容的扩充，不过有三点需要特别注意的事项，我们一起来看一下。

首先，我们要注意专业名词和术语的解释。

一本育儿类书籍的拆书稿，常常会有一些著名心理学家的名言，或者一些心理学流派的观点。所以我们可以摘取一些专业的心理学知识，有助于增加文章的权威性和严谨性，让听众更加信服。摘取知识点时，我们一定要站在听众的角度，**把这些知识点简单化。**

比如，心理学上有个专业名词"心因性失忆"，专业的解释是指，患者对新近重大事件如创伤、丧亲等事件，而产生部分性的选择性遗忘。考虑到

179

拆书稿通常是通过语音来讲解书里的内容，所以这样的解释对于听众来说过于复杂，不易于理解。我们可以这么写：

什么叫心因性失忆？它是指当一些痛苦的事情发生时，一些人因为不能承受其中的悲伤，大脑就会自动遗忘这些事情，这就是"心因性失忆"。

你看这么写，是不是就好理解了呢？

其次，避免多层逻辑，导致听众或读者不理解。

当我们在为读者提供方法论的时候，常常会出现不止一个方法，所以，我们不要用"一、二、三、"这种结构，而是采用"首先、其次、然后"。这样会使文章显得更容易理解。

比如，在《正面管教》拆书稿的最后一部分，我们提供了四个方法。按照"第一，第二"这种方式，我们会写成以下这种形式：

第一、父母要去了解孩子行为背后的原因……

第二、父母要去引导孩子学会解决问题……

第三、父母鼓励孩子找回自我价值感和归属感……

第四、父母和老师要巧妙地运用班会和家庭会议……

这样读起来非常烦琐，数字太多也很长，听众也可能并没有耐心去读完，所以不妨用"首先……其次……然后"这种结构来写作：

父母如何对孩子进行正面管教呢？

首先，他们可以先去了解孩子行为背后的原因……

其次，父母要引导孩子学会解决问题……

接下来，父母鼓励孩子找回自我价值感和归属感……

最后，父母和老师要巧妙地运用班会和家庭会议来教育孩子……

这样听起来就顺口多了。

最后，语言结构要简单，要更生活化。

其实不光是专有名词的解释，几乎所有拆书稿都不建议使用复杂的句子。

在写拆书稿时，我们要尽量把长句分割为几个短句，尽量用最简单的"主谓宾"句式来写作。比如《正面管教》拆书稿的初稿中，有这么一段话：

还在学走路的小孩如果因为摔跤，被妈妈责骂，他们会非常委屈，这是因为这个年龄段的孩子不管是语言能力还是身体协调能力，都还在发育中，所以他们还不能表达出自己的情感和想法。

你看，这段话不仅有字数较多的长句，而且句式结构较为复杂，听众听起来也比较费力，难以理解。我们不妨改为：

要是小孩还正在学习走路，因为摔跤被妈妈责骂了，他们会非常委屈。这是因为这个年龄段的孩子还太小，语言能力和身体协调能力远远跟不上大人。被人责骂之后，他们也不能表达自己的想法和情感。

这样读起来是不是顺口多了？

只要按照上述步骤，先对拿到手里的书进行定位，继而根据目录、重点章节来制作思维导图，最后再精读重点章节并填充正文要点。相信大家经过一段时间的训练后，都可以写出优秀的育儿类拆书稿。

【本节作业】

请阅读《正面管教》，写一篇 3000 字的拆书稿。

第14课　理财类书籍拆书稿案例解析

近几年，理财类书籍和理财课很受欢迎，理财类书籍自然也成为拆书市场上的必拆书单。但是，理财类书籍一般都写得比较专业和深奥，对于非专业人士来说，完全读懂弄通理财类书籍确实有点儿难度。于是很多人就觉得："我写不了理财类书籍的拆书稿，太难了！"其实未必，只要你掌握了正确的方法，理财类书籍的拆书稿就会和情感类书籍、职场类书籍的拆书稿一样简单。

那么，今天我就手把手地教大家来拆解《漫步华尔街》这本书，从而学习一下理财类书籍拆书稿的写作方式。

首先我们来看第一部分内容：学会阅读，快速拎出拆书稿的提纲。

当我们看到《漫步华尔街》这本书的时候，发现它很厚，全书30万字，424页。内容也写得十分专业，还提到了很多经济学理论。别说写一篇拆书稿了，就算读完这本书也需要花费很长的时间。

但是大家不用担心，只要掌握了正确的拆书方法，再难啃的书本也能快速写出让听众满意的拆书稿。那么具体该怎么做呢？让我们一起来看一下。

首先，我们先要学会"读"这本书。

在前面，我已经给大家讲过读书的技巧。同时，还讲了三种常见的书籍结构，它们分别是：是什么—为什么—怎么办结构、并列结构和起承转合结构。

那么，我们来看下《漫步华尔街》的目录，它属于什么结构呢？

01

183

02

03

图 2.18《漫步华尔街》目录

　　从目录的第一部分我们可以看到"何为随机漫步"这一章节，第二部分又提到"究竟何为随机漫步"，然后结合书名《漫步华尔街》，我们就能知道"随机漫步"是本书的一个关键词，显然书中作者也阐述了随机漫步是什么。

　　之后作者提到了一些美国的投资现象及很多经济学理论和学术界的观点。其实你大概翻下书就会发现，作者说了这么多，无非就是为了佐证一个观点：作者为什么要提出随机漫步这个理论，这个理论为什么比其他理论好用。然后，再来看书本的最后一章，作者直截了当地给出了三种随机漫步华尔街的方法。

　　显然，通过分析目录，这本书的结构就是：是什么—为什么—怎么办结构。

　　接着，我们就可以带着这三个问题去读书，同时列出拆书稿的大纲。

在阅读过程中我们会发现，对于"随机漫步是什么""怎么随机漫步"作者写得很清晰，也很好理解。而对于"为什么要提出随机漫步的理论"，这是一个有点儿复杂的经济学问题，对于几千字的拆书稿来说，未必能解释得清楚，对于听众来说也没有多少用处。那么，这时候我们就要学会取舍，可以舍弃这一部分。因为我们的最终目的，就是想通过这本书让听众获得投资理财的理念和方法，从而使他们的投资收益获得增长。

于是，我们就可以提炼出这本书的中心论点，即精髓：**在美国市场中，怎样用"随机漫步"的投资方法让自己的投资收益稳步增长。**

这期音频为你解读的是《漫步华尔街》。这本书大约 30 万字，我会用 10 分钟左右的时间，为你讲述书中的精髓：在美国市场中，怎样用"随机漫步"的投资方法让自己的投资收益稳步增长。

同时，正文也可以整理为两部分，分别是：

第一部分：什么是随机漫步？

第二部分：我们应该怎样随机漫步地投资？

说到这里，《漫步华尔街》这本书籍拆书稿的提纲就已经列好了。

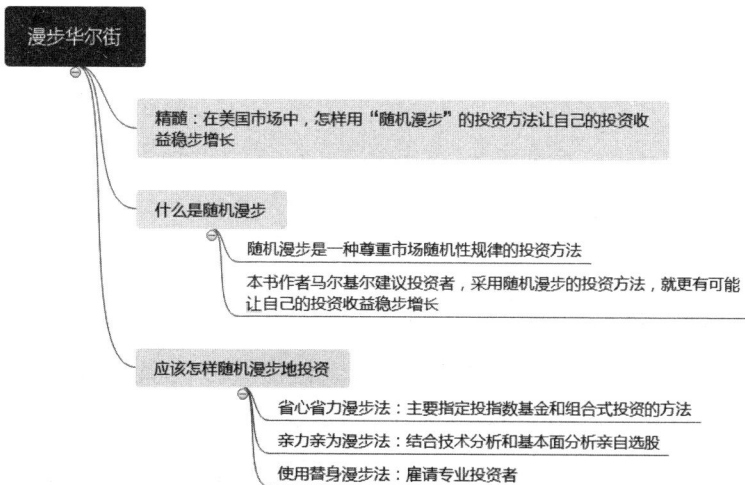

图 2.19《漫步华尔街》拆书稿思维导图

接着，我们来看第二部分内容，根据提纲，按步骤成稿。

上面我们已经列出了拆书稿的提纲，现在就可以着手写文章了。

对于成文的模板和步骤我们前面已经讲过了，概括起来就是：首先破题切入，其次进行作者、书籍的介绍，接着完成主题部分，最后进行总结升华。下面，我们将逐步给大家示范。

第一步：破题切入。

所谓破题切入，就是开头要吸引听众。开头的目的性很强，就是要合理地引出书籍的内容，且篇幅不宜过长，一两段即可。

破题的方法，我们前面讲过，主要有金句型、故事型、疑问句型、场景化描述型等切入方法。比如《漫步华尔街》这本书，我们可以通过"场景化描述和疑问句型"的方式来进行破题，从而引起听众共鸣，使听众有一种快速的代入感。因此，我们可以这样写：

投资可以说是当今的一种生活方式。面对通货膨胀，人们只有通过正确的投资方式，才能保持自己的资产不受损失。投资也是一种乐趣，当你以自己的才智使你的投资收益高于你工资的增长率时，你又怎能不兴奋？而在投资过程中学到的新知识、新见解将会使你的投资更顺利。

然后顺理成章地引出这本书。

这本书就像一份投资指南，当然也适用于金融小白，帮助你了解投资理论与实务，为你提供切实可行、经过检验的投资建议，从而培养健康的投资观念，使你的投资收益稳步增长。

第二步：作者、书籍的介绍。

这部分主要是对作者、书籍的背景概况进行介绍。介绍作者时，重点介绍作者的成就、亮点等；介绍书籍时，先简单概括书籍的主要内容，然后介绍书籍被某个名人或知名机构推荐的情况，得过什么奖，等等。增加书籍的权威性。比如，《漫步华尔街》这本书我们可以这样写：

本书的作者马尔基尔，获得了哈佛大学商学院 MBA 学位及普林斯顿大学博士学位，现为美国普林斯顿大学投资学教授，他在投资理论的研究方面造诣颇深。作为国际投资界的著名人物，他身兼美国普林斯顿化学银行总裁、美国一家投资额达 2000 亿美元的保险公司的财务委员，并且是美国数家大型投资公司的董事会成员。

而他的著作《漫步华尔街》就是他投资知识与智慧的展现，是一本在股票投资界最畅销的好书，被视为 30 年来最经典的金融投资入门读物，被列为美国 MBA 必读参考书籍。《福布斯》杂志评论这本书："50 年来，有关投资的真正佳作不超过五六本，《漫步华尔街》可跻身于这数部经典之列。"

你看，这样一写，你是不是会觉得这本书很值得一听。

第三步：填充主题部分。

所谓主题部分就是对书籍核心内容的一个展示，前面我们已经列好了提纲，现在只需填充内容即可。我们分别来看一下。

首先，第一部分：什么是随机漫步？我们可以翻到书中相应的章节看看作者是怎么解释"随机漫步"这个新名词的。书中这样概括道：在经济学领域中，随机漫步是一种尊重市场随机性规律的投资方法。

这样说也可以，但是拆书稿我们一般要写得更加口语化和通俗易懂一些。于是，我们可以围绕这个概念，展开来解释一下：

那么什么是随机漫步呢？它本来是一种数学统计模型，用来表示不规则的变动形式。不过现在已经应用在很多领域了，比如生态学、经济学、心理学，等等。那用在经济学领域是什么意思呢？简单来说，随机漫步就是一种尊重市场随机性规律的投资方法。比如证券市场中，价格走向受多方面因素的影响，一件不起眼的小事也可能对市场产生巨大的影响。像一个随机漫步在街上的人，价格的下一步将走向哪里，是没有规律的。

你看，这样举个例子，再稍加解释，是不是对于"随机漫步"就很好理解了。这也是写拆书稿经常会用到的一个小技巧。

接着，第二部分，我们应该怎样随机漫步地投资呢?

从《漫步华尔街》目录上我们已经看到，作者给出了三种方法，分别是：省心省力漫步法、亲力亲为漫步法和使用替身漫步法。那么这一部分也就不难写了，三种方法是并列结构，逐一介绍即可：

接下来，我们来谈谈第二部分：到底该怎样随机漫步地投资?

书中为我们总结了三种漫步投资法，分别是：省心省力漫步法、亲力亲为漫步法、使用替身漫步法。下面我们就来详细说一说。

省心省力漫步法，其实就是采用定投的方式购买指数基金。根据马尔基尔对美国股市的观察，专业人士所操盘的基金从长期来看，收益未能超过指数基金，所以购买指数基金是比较省心的办法。那咱们直接购买指数基金不就得了吗? 这话是没错，不过也不是让你一下子买很多。因为如果你一下子买在了高点，那么指数基金也是无法帮你盈利的。所以说，较为靠谱的方法是采用定投的方式，有规律地长期购买，因为定投是降低风险的有效方法。一般情况下投资者持有股票或者基金的期限越长，投资收益的波动性就会越小。

书中还提到了，组合式投资也是降低风险的重要方式。马尔基尔也举了个组合例子。他建议 50 多岁的人群拿 5% 左右的资产去买货币基金，就如余额宝一类的产品，拿 27.5% 的资产买债权指数基金，拿 12.5% 的资产买房地产投资信托指数基金，最后拿 55% 的资产买股票指数基金，这其中美国国内股票指数基金占 27%，发达国家股票指数基金占 14%，新兴市场股票指数基金占 14%。

上面是第一种方法：省心省力漫步法。我们先对这种方法进行了解释，然后给出了这种方法下最为靠谱的两个方式，一个是定投的方式，一个是组合式投资，同时对组合式投资这种方式还进行了举例说明。

第二种方法就是亲力亲为漫步法，顾名思义，就是亲自选股买股票。不过这种方法有一些规则需要值得注意，虽然不能单独用书中说到的基本面分析法或者技术分析法，但可以将它们结合运用。

既然说到这里，就不得不插几句给大家解释下书中大篇幅介绍的基本面分析法和技术分析法。

什么是基本面分析呢？简单来说，就是通过分析这个公司在市场中的真正价值——比如它现在的运行状态、盈利水平等，来预测它的股票在股市中未来的价格走势。什么是技术分析呢？就其本质来说，技术分析就是通过绘制、解读股票图表的方式，预测股票的价格变化。

比如，选股票的时候，最好选那种盈利增长看起来能够连续五年超过平均水平的公司。经营状况良好的公司毕竟靠谱的可能性更大些。这就是所谓基本面分析法。同时，如果上市公司董事长特别会讲故事，能让大家在他做事的基础上产生丰富的想象，那也行。因为股票价格确实会受到大众心理的影响，这就是技术分析法。

书中还提醒我们说，就算公司的经营状况再好，你也绝不能为它支付超过它实际价值的价格。举个例子来说，我们都知道阿里巴巴公司经营状况十分良好，目前股价是100多美元，我们确定这是它目前实际的合理价位。如果明天它的股价忽然上涨了10美元，那你买入前，就得考虑这个价格是不是超过了它的实际价值。而且一旦研究清楚，下定了决心购买，就要尽可能减少交易。因为这样可以减少手续费和交易税，长期持有还能降低风险。

华尔街流行的一句话也值得参考，就是：继续持有赚钱的股票，抛掉赔钱的股票。

上面介绍的是第二种方法：亲力亲为漫步法。然后，对这个名词给出了解释。在提及股票买卖注意事项时，又出现了新名词：基本面分析法和技术分析法。有些听众并不知道它们是什么意思，因此，我们要对这两个名词解释一下。有的名词解释完仍然不好理解，我们最好再举个例子，进一步说明。

最后还有一种替身漫步法，即雇请专业投资者为你买卖股票。如果你能找到一个特别好的随机漫步者，譬如像马尔基尔、查理·芒格这样的投资牛人，为你操盘，而你又确信他的人品和能力，那就全交给他去做好了。不过前面刚说过，专业基金管理者的收益反而不如指数基金，所以说这个方法仅供参考。

我们再看这段内容，这是漫步投资的第三种方法：替身漫步法，意思是雇请专业投资者买卖股票。这种方法很好理解，无须过多解释。

当介绍完三种漫步投资法之后，我们还需要对这部分进行简单的总结，目的是告诉大家：

总之，无论你怎么随机漫步，你所选择的方法一定要适合你自己。

第四步：总结升华。

在这个环节，我们不仅要回顾一下本书的核心内容，帮助听众加强记忆，还要对核心内容再做一个升华与提炼。总结前一般有固定的一句话，比如："讲到这里，本书的内容就基本结束了。我们再从头梳理一下今天分享的要点。"

紧接着有条理地开始总结，可以采用"首先，其次，最后"的句式；当然也可以采用"第一部分，第二部分，第三部分"这种句式。总之，你的总结要有条理和逻辑，使听众能够很清楚地回顾全部内容。

总结：

讲到这里，本书的内容就基本结束了。我们再从头梳理一下今天分享的要点。

首先，我们学习了什么是"随机漫步"，简单来说，随机漫步就是一种尊重市场随机性规律的投资方法。本书的作者马尔基尔建议投资者，采用随机漫步的投资方法，就更有可能让自己的投资收益稳步增长。

接着第二部分，马尔基尔提出了三种投资漫步法，分别是省心省力漫步法、亲力亲为漫步法、使用替身漫步法。其中省心省力漫步法所说的指数化投资策略是马尔基尔最愿意推荐的策略。

通过今天的讲解，我们不仅学到了一个新的投资理论，还学会了投资的三种方法，希望可以帮助你，使你的投资收益稳步增长。

比如，《漫步华尔街》这本书，我们是这样总结和升华的："首先，我们学习了什么是随机漫步"，接着第二部分，马尔基尔提出了三种投资漫步法，它们分别是哪三种。最后结尾："通过今天的讲解，我们不仅学到了一个新的投资理论，还学会了投资的三种方法，希望可以帮助你，使你的投资收益稳步增长。"

你看，用我们讲过的阅读技巧，先梳理书本的结构，带着问题阅读；再列出提纲，制作思维导图；然后再用我们讲过的成稿步骤撰写拆书稿件，那么再难再厚的书拆解起来都变得很容易了。

至此，已经给大家介绍了五类典型的拆书稿范例，相信大家已经十分清楚地了解到如何从拿到一本书到写好一篇拆书稿了。只要大家勤加练习，就能够成为优秀的拆书稿作者，进而实现拆书稿变现！

【本节作业】

请阅读《漫步华尔街》，写一篇 3000 字的拆书稿。

第四章　短视频脚本、小红书写作

　　抖音和小红书，如今是市面上比较火爆的视频平台。在这一章，我们主要讲解抖音和小红书运营模式和短视频脚本写作技巧，希望通过抖音和小红书，为大家拓展变现渠道，实现由内容写作到短视频制作的转型。

第 1 课　短视频平台推荐机制解析

　　短视频是如今特别火爆的一种自媒体，也是很多自媒体人纷纷进入的行业。因为画面吸引人的能力，远远大于图文吸引人的能力，所以就出现了一种新的文章写作类型，那就是短视频脚本写作。

　　既然我们想了解如何写短视频脚本，那么一定要了解短视频的推荐机制。如果你因为不了解短视频的推荐机制而踩雷的话，那么别说阅读量了，可能连曝光的机会都没有。所以在这里，我们就来聊一聊短视频的智能分发机制。

　　其实抖音和今日头条的分发机制是一样的。它的做法是机器推荐＋人工审核，通过一次一次地进入流量池而增加阅读量，这是一个很公平的机器算法。我们一起来看看抖音是怎么操作的：

　　第一次推荐：智能分发流量池。

　　在很多网络平台上，没粉丝等于没流量。所以很多人会担心自己发表的抖音视频没有人看。但是事实上，抖音会根据算法给每一个作品分配一个流量池，刚开始一般是 20~250 次，并会计算一定时间内观众的评论、点赞和分享数。这一步可以称为第一次推荐。然后，再根据第一次推荐后的作品表现，抖音再决定要不要给你第二次推荐。

流量池原则说明了，无论你是不是拥有百万粉丝，只要你能产出优质的视频，就能在抖音上热门，成为大家所说的抖音网红。这也正是抖音 0 粉能一夜爆红的原因。

抖音流量池的评价标准是：点赞数、评论数、转发数以及完整播放率。所以，新视频的点赞数、评论数、转发数越多，完整播放率越高，新视频就越有机会被抖音进行第二次推荐，获得更多的流量。

第二次推荐：叠加推荐——算法加权。

如果你的抖音视频经过第一次推荐，在流量池内没有得到较好的传播效果，那么很遗憾你没法获得第二次推荐了。这也是为什么大部分抖音视频的浏览量在 20~250 次之间的原因。

反之，如果你的视频在第一次推荐的流量池内反馈较好，算法就会判断该视频为受欢迎的视频，自动为该内容加权。那么这时你的视频将会被推荐给更多的观众，增加推荐量。这次流量池的流量大约在 1000~5000 次之间。以此类推，受欢迎的视频将会一次次地被给予大量的推荐。

叠加推荐的评价标准还是之前的四个关键指标：点赞数、评论数、转发数以及完整播放率。

所以即使你的视频最初没火，通过朋友间的持续评论点赞，也可以提高视频的传播效果，从而在一段时间后获得叠加推荐的机会。

第三次推荐：抖音"精选"视频。

经过流量池原则和叠加推荐，基本可以保证 90% 的视频可以被科学合理地筛选。但是考虑到一些情况，比如抖音的运营人员想针对一些节日或热点增加热门视频，这时就会有一部分视频标有"精选"二字。

所以你发视频的时候偶尔可以尝试 @ 抖音小助手，增加视频被抖音小助手看到的概率，说不定就会被选为"精选"视频，直接上热门了。

根据以上短视频推荐的规则我们可以确定，即便你的粉丝只有十几个，只要内容能获得足够多的观众认可，那么你同样可以因为一篇优质的视频内容而广为人知。这就是流量池推荐的公平性和不确定性。

相信了解了短视频的推荐机制，我们对视频内容的创作就更加容易把握方向，从而可以更有针对性地创作出更加符合平台和大众口味的爆款视频脚本。

第 2 课　3 类撰写方式，让你成为短视频脚本达人

大家都知道，在这个飞速发展的互联网时代，随着抖音、快手、微视这些短视频的兴起，传统的文字媒体已经开始慢慢地失去了流量。因为一张图片能表达清楚的，我们绝对不想去看一段文字；一个视频动画能表达清楚的，我们也绝对不会去使用图片。

就在上一个月，我在头条专栏大师班参与了职场领域卢战卡老师的专栏培训课程。我惊奇地发现，他有 600 多万粉丝，曾经有一天专栏的销售金额高达 500 万元。他的粉丝比我崇拜的财经作家吴晓波老师的粉丝还多出 3 倍。

为什么他能做出如此惊人的成绩呢？为什么他能比一个知名作家的粉丝还多呢？其原因在于，卢战卡老师是做短视频营销的。因为视频画面感丰富、内容浓缩量非常高，所以深受读者们喜欢。

与此同时，在卢战卡老师的群里有一位同样是做短视频专栏的同学。她的本职工作是财务，她的写作领域自然也和财务有关，而她也是做财务视频专栏的作者。在群里，她每天很活跃，表现十分优秀，平均每天卖出 3 个专栏。

我曾经看过她的视频，就是用普通手机拍摄，人长得也不算是惊艳脱俗。但即便是这样，她在一周内仅专栏收入就破万元了。

所以，我毫不夸张地说，那些用视频呈现内容的小伙伴，比单纯地做图文的小伙伴，平均日销量至少多 1000 元！

为什么会出现如此惊人的差别呢？

原因就在于，视频给人画面感很强，购买者能清楚地看到你这个人。视频更容易让人产生信任和依赖。

接下来，我们要讲如何撰写视频脚本，以及如何变现。

2.1 什么是视频文案脚本

大家想一下，在一个视频里，除了演员、场景、设备、导演，还需要有字幕和人物对话。这部分文字也不是随意安排的，它也一定遵循了某些规则和逻辑。那么这视频里的文字表达，我们就可以称之为短视频文案脚本。

了解了视频文案脚本之后，可能还有小伙伴并不清楚，它和文案，或者说写作，到底有什么区别和联系呢？在这里，我们再来看看视频文案脚本与普通文案相比，其写作特点有哪些特殊性。

普通文案，就是写出观点、态度或者干货就好了，只要你思想鲜明，内容新颖完整，那么它很可能就是一篇好文章。

而视频脚本呢？它是将文字内容视觉化，也就是说，你不仅需要写出文字部分的内容，你还要把灯光、舞美、此时的留白，甚至内心戏需要怎么表达，统统用文字注解的方式表达出来。

换句话说，就是你要用文字呈现出视频拍摄的场景和画面感，让它更像一部微电影或者一部舞台剧，而你更像一个编剧。

如果你还不清楚的话，下面我们来看两个具体的脚本模式：

表 2.1 表格式视频脚本

画面	解说	音乐	字效	大体时长
人物（中年西装成功男士）展开一幅宜兴古地图 古地图特写宜兴的标志性名胜古迹出现在古地图上 宜兴大全景	宜兴，从春秋开始建县，人们称为陶都，原名义兴、阳羡，宋代改为宜兴，因紫砂而名扬天下。	悠长、庄重	先生聊一念，遗庙竟千年。不返辽东鹤，长悲阳羡田。	30 秒
人物坐在一辆轿车上。 轿车缓缓行驶，人物面向窗外看着车水马龙的街道。 宜兴夜景全图	千古春秋，无论经历多少风雨，宜兴依旧在探索着未来的可能。它，东面太湖，西靠安徽，北临常州，南接浙江，是杭三角中心的水上明珠。这座具有无限潜力的城市，如今依旧在探索中期待着未来。	节奏轻快		30 秒
人物坐在办公室里，看着窗外思索 远东电缆有限公司 人物车辆行驶过公司	不少著名企业，都坐落在这座璀璨繁华的城市中。远东电缆有限公司正是其中的佼佼者。它高举建设宜兴的大旗，锐意改革，寻求发展，成为宜兴这座古城新的名片。	激荡的音乐	探索、发展 热爱、诚挚	30 秒

大家可以看到，这是一个典型的表格式短视频脚本，有画面，有解说，有字幕，还有音乐和时长。

你看它，虽然只有几分钟，甚至几十秒钟，但是，写作者本人却正实实在在地充当一个编剧的角色。作者需要在脑子里呈现出一幅画面，并且用文字准确地描述下来，以文章的形式呈送给导演。当导演看到之后，就知道怎么把它拍摄出来。

当然，除了表格，我们也可以只用文字去表达视频脚本。比如，下面这个脚本的格式：

华盛广场项目视频宣传片脚本文案

1. 总时长：3 分 30 秒左右

2. 播放场合：营销中心

3. 视频格式：高清，建议 1280*720 标准

4. 视频风格：大气；厚重；辉煌；商业氛围感强

5. 视频音乐：大气磅礴开场音乐——唯美抒情的悠扬音乐——快节奏的叙事音乐——重金属音乐收尾

6. 视频配音：充分考虑当地人接受度，以比较通俗易懂的配音文字为主

7. 脚本文案：按一分钟 210 字计算，最多预计 700 字左右

8. 制作方式：三维＋素材

建议分镜头及文案：

一、片头

一个新领域，三个新世界

乘天时，据地利，顺人和

嘉兴国际商务区

首个社区商业综合体

震撼登场

LOGO

华盛标志特写，镜头拉出来实体化了的华盛标志在太空飞行，无数其他品牌标志跟随，汇聚成一条闪光的流线，向中国版图方向飞行，为项目落户嘉兴国际商务区做铺垫。

镜头1：全国地图鸟瞰，展示上海经济圈至嘉兴至国际商务区。

镜头2：以华盛标志作为主角，引领无数的金色方块（象征资本），有高铁沿商务大道，向项目汇聚……

镜头3：……

镜头4：……

……

很显然，这里除了没有用表格形式来写外，其他地方都是一样的，你依然需要把画面、解说、字幕，还有音乐和时长，用文字表达出来。

这就是我们说的文案脚本，它比一般的文案要考虑的地方更多。

2.2 视频脚本常用在哪些方面

下面，我们来看看视频脚本常用在哪些方面？

1. 甲方客户需求

这是我们写作变现的一个重要内容。因为很多时候，公司为了售卖自己的货品，需要制作一系列短视频，来吸引大家的眼球。其中，不乏一些知识付费领域的公司、美妆美食公司、数码产品公司、宠物公司乃至健身房和医药产品公司等都需要写作者为他们提供视频脚本。毕竟，用视频去表达特定领域的专业知识，更加直观易懂，而且更加精彩好看。

所以，由甲方公司付费，我们写作者来完成的视频脚本，就是我们说的第一个方面的用途。

2．自制 Vlog 需求

作为自媒体写作者，我们除了图文内容的输出之外，也可以制作一些视频，毕竟视频比图文更直观，与读者的亲密性更好。所以很多朋友会把自己一天的活动，通过镜头记录下来，制作成视频。当然，你也可以分享穿搭、美食，甚至是一些好玩新鲜的东西。

其实，Vlog 的形式多种多样。我们如果只是单纯地制作视频，不需要设置太多的限制，只需要展示自己擅长的领域就可以了。比如从自己的爱好入手，再比如从自己熟悉的领域入手，都是可以的。

3．头条专栏需求

大家如果想在头条上开设专栏，建议大家除了选择图文之外，还可以选择音频或者视频。一方面可以增加你在头条的曝光率，另一方面也会给你带来更多的收益。目前，我的拆书专栏已经卖到了近 2000 份，虽然价格近乎白菜价，但是收益不错。

许多小伙伴的经验表明，自制短视频或视频专栏可以帮助大家更好地卖出自己的专栏。

2.3 3 种特殊脚本的撰写方式

其实，视频的呈现方式千千万，大家可以看到在抖音里有很多新鲜有趣且让人耳目一新的视频。

这也是视频脚本不好讲解的地方，因为视频没有标准，自然视频脚本也就无法用标准去衡量了。

那么，视频到底有哪些表现形式呢？

在这里，我们主要讲解三种特殊类型的视频脚本。只要掌握了这三种视频脚本的写作技巧，基本上就可以写作大部分类型的视频脚本了。

1. 知识演说型

知识演说型，又叫干货型。在这类视频里，讲述人或者主角不一定出现在画面里，但文案的重点在于传授知识，而人们看视频的目的也是获得知识。

比如茹茵聊职场、掌阅读书坊这两个视频账号，都是通过主持人（也就是镜头里的主角）以讲干货的形式，来给大家做知识的普及。这种视频的主要读者是那些对相关领域比较感兴趣，同时希望提高相关技能的朋友。这类视频看完之后，给人的感觉是干货满满，收获颇多。

这种脚本的写法也比较简单。先给大家看一个例子：

屏幕：西安奔驰车事件启示。

发布：西安奔驰车事件，对于真实消费成本的启示是什么？

西安奔驰车事件持续发酵。根据女车主的表述，4S店在销售过程中，故意引导消费者贷款买车。且流程不合规。

那么，4S店为什么会冒风险这样做呢？我们先来计算一下，事件中奔驰车型建议零售价是69.18万元，首付30%，20.75万元。分期36个月的情况下，利率4.99%。月还款1.45万元，这样算下来车子的总价为73万元，利息合计3.8万元，4.99%的年利率，看上去也相对合理。

但问题就出在1.5万元的金融服务费。这笔服务费相当于总利息的近40%。这样算下来，年利息利率就达到了7%，这可比钱存银行定期或买银行理财的收益高多了。

很多时候消费成本是商家给出的官方数据，而实际消费成本需要我们结合实际消费再计算才能得出。包括买房也是。很多消费的实际成本你计算过吗？只有计算出真实的数据才能做出合理的消费选择。

大家看这篇干货类型的抖音文，它其实很像一篇文章的结构。

引题＋干货＋总结，大家看看是不是这个感觉。

第一句：西安奔驰事件持续发酵，其实是引题，就是脚本的开头。

接着就开始谈论主要问题，就是为什么要引导消费者进行分期付款，原因脚本里也给出了，说得很详细。这就是我们说的干货部分。

最后，结尾是：到底该分期还是该全额付款呢？只有进行准确的计算后，才能做出最为合理的选择。这就是总结。

其实我们可以多看看这种干货类型的脚本。万变不离其宗，多数都是这种"引题＋干货＋总结"的模式。这种脚本的写作技巧可以说是非常容易掌握的。

2. 情景剧表演型

这类视频是抖音上比较常见的一种类型，一般需要 2 人及 2 人以上的演员参与。因为大家都有好奇心，也喜欢看有情节有故事的内容，所以这类视频的观看人数众多。

需要说明的是，往往这种情景剧类型的视频，都带有浓重的幽默色彩，你在写文案的时候，也需要注意角色扮演和转化。

我曾经参与一个民宿短视频脚本的创作。该视频就是通过老板娘和她的下属日常生活中的幽默故事，展开情节，而视频的拍摄背景就选择了民宿的各个有着鲜明特征的角落。该视频上传后，吸引来不少粉丝的点击、评论和转发。

制作情景剧的视频账号非常多，其所取题材也是特别广泛。在这里给大家举一个例子。

场景：礼拜六早上，客厅（旁白）

道具：家门、沙发、小茶几

出场人物：甜甜、妈妈、爸爸

（甜甜唱着歌欢快地从门外走进来）

甜甜（手舞足蹈地又唱又跳，做疑惑状）：祝我生日快乐，祝我生日快乐……

甜甜（在客厅左看右看，语气有点失望）：咦，爸爸妈妈去哪儿了？他们不会忘了今天是什么日子吧？

（甜甜有点失落地坐在沙发上，这时穿着围裙的妈妈拿着手机，开心地边聊边走到客厅）

妈妈（本来音量很大，一看到甜甜，压低了声音）：对，对，就是那里，啊？你不知道怎么出去？你现在哪儿？噢，那你先往前走，然后右拐，然后再左转，走到一个十字路口，再右拐就到了，听明白了吗？那就先这样啦！

甜甜（转头期待地看向妈妈，甜甜地叫）：亲爱的妈妈……

妈妈（假装什么也不知道）：啥事啊？叫得我一地疙瘩。

甜甜（诏媚的表情）：您记得今天是什么日子吗？

妈妈（假装想了想）：什么日子？哈，我记起来了！（听到这，甜甜立马做出期待的表情）你爸发工资的日子！

甜甜（失望的表情）：还有呢，您就没想到别的？

妈妈（做思考状，然后肯定地说）：还真没有！

这个视频脚本属于对话式的。这类脚本的创作需要作者照顾到场景、语言以及视频的整体效果。

而且这类脚本基本都是搞笑幽默或者发人深省的，多数会在结尾处给人耳目一新，或者哗然的感觉。那么如何创作幽默型视频脚本呢？我们下面再为大家细聊。

3. 日常生活记录型

日常生活记录型，也称生活流水账型。这类脚本比较好写，也是用得比较多的一种类型我们可以挑选一天中重要的事情和节点，把这些记录下来，然后编辑串联起来，就变成了我们的视频日记。我们每个人都可以制作自己的视频日记，前提是你的生活也是比较精彩的，比如让读者产生向往、追求或者学习效仿你的冲动。

2.4 怎样制作爆款视频

假如接到一个写短视频脚本的任务，但是对方没有给你具体要求，也没有限定视频类型，那我们应该怎么开始呢？可以从以下几方面入手。

1. 寻找调性

什么意思呢？一个公司，我们需要去审视它在哪个行业，老板想做成什么样的调性，它所在的行业适合做成什么样的视频类型。举个例子：

比如说家居行业，这个公司是卖家居、卖灯的，大家想一想，我们应该怎么用视频来展示呢？

我们是不是可以采用知识演说型文案来介绍一下这款灯的整体功能呢？想象一下，在视频里，你拿着这款灯，将灯独有的特点逐一展示给大家。这就很直观地告诉粉丝你家的灯究竟好在哪里。

当然，我们也可以专门定制一个情景剧，植入这款灯的软广告。

2. 找准人设

不知道大家是否注意到，凡是那些播放量比较高的抖音视频，基本都有一个解说员。你不要随便地拍一个风景或者一只猫的视频就上传。因为没有任何解释的画面大家肯定是看不懂的，也不会买你的账。因此，你的视频最好自带解说词，但解说词或者画面中出现的人物，最好都有一定的风格。

如果你为一个长得精致、1.5 米的矮个子美女主播写文案，就应该选择适合她人设的场景去搭建你所要展示的内容。如果文案文字优美，能够体现女主播温柔高雅的气质，那么这个美女主播一定喜欢。如果你写出了单田芳先生那种评书式或郭德纲单口相声式文案，即便写得再好，你的文案也不会被女主播采用。

3. 内容写作

前面，我们介绍了内容写作的三种方式：知识演说型，情景剧表演型，日常生活记录型。大家可以根据自己擅长的方面以及视频脚本要求来确定视频内容写作的形式，然后进行创作。

当然，撰写脚本还有很多不同的思路和模型，也期待大家都可以创作出拥有自己特色的脚本，在视频文案领域一鸣惊人。

【本节作业】

什么是视频脚本？利用三种视频内容写作方式中的一种，为一本书籍撰写 300 字的视频脚本。

第3课　幽默让你的短视频人人都爱看

不知道大家有没有发现，但凡是情景剧类的脚本，大多数以幽默为主。因为只有引人发笑，你才能让观众在最短的时间内记住你。这里，我就给大家介绍比较实用，且一学就会，能够在短视频脚本中制造幽默的四种方式。

3.1 利用优越感来制造幽默效果

首先，我们先来说说什么叫作优越感？从字面意思看那就是：我比你优秀，于是自我感觉良好。换句话说，也就是当你高人一等、胜人一筹或者是感觉对方在外貌、身高、智商、金钱等诸多方面不如你的时候，你就会有一种优越感产生，而幽默就是源自这种个人的优越感。

古希腊学者亚里士多德认为：**喜剧，即模仿稍逊一等的人的行为可以使观众体会到幽默的效果。**

比如，在《极限挑战》节目中，小岳岳和雷佳音承包了大部分的笑点，就是因为作为观众的你隔着屏幕看到了他们在节目中和黄磊、小猪等人相比时，智商低人一等的表现，而不自觉地产生了一种上帝视角的优越感。他们蠢萌蠢萌的表现就会让你乐得哈哈大笑。你会觉得，他居然不如你。

所以在这个理论下，我们就可以衍生出很多令人发笑的故事。比如，由小红书出品的《生活对我下了手》视频短剧里的女主人公辣目洋子，她外形圆润、长相奇特，和我们传统观念里的美女有天壤之别。

而恰恰是因为她的外形独特，导演往往让她和美女一起PK，比如做相同的动作，或者说同样的话，但美女被男士追捧，而辣目洋子却被人诟病。而在这个过程中，辣目洋子矮胖的可爱造型就和长腿美女形成了鲜明的对比，这样就让人产生了笑意。

3.2 "Yes，and" 法则

接着，我们来看"Yes，and"法则。什么叫"Yes，and"法则呢？

著名演员黄晓明曾经被人吐槽歌唱得很烂，他就是运用这个法则来进行回应的："拜托，我是个演员，我连演戏都演不好，还让我把歌唱好。"你发现没有，这里的幽默逻辑是，先用 Yes 接受对方说自己唱歌很烂的事实，然后再用 and 给予幽默的回应：你看我的本职工作戏也演得不好，还想期待我唱歌好？以至于这句机智的回应让他圈粉无数。

类似这样令人发笑的例子有很多。比如有人讽刺你："听说你好朋友上周生日，你送了她一套别墅？！我都不知道你这么有钱！"你可以这样反击："是的，而且这套别墅特别大，足足有好几万块积木，我估计她要花好几个月才能拼出来。"

让我们来总结一下这个公式的法则。

首先，我们要在他人对我们产生讽刺和质疑的时候，给予部分的承认，而不是一上来就拒绝，显得自己不识趣。接着，我们要用第二句来进行回击，但这个回击可以采用同质概念互换的原则。比如有钱＝别墅＝积木别墅。这样就很巧妙地解决了自己的尴尬，同时还有力地回击了对方的挖苦。

3.3 一语双关

接着我们来看第三个方法：一语双关。所谓一语双关，就是利用汉语的一音多字或一字多义的特点，造成"言在此而意在彼"的表达效果，使一句话涉及两件事情或两种内容，也就是话中有话。善用双关语，不但能婉转地表达思想感情，使语意含蓄，还能让语言产生幽默诙谐的效果。

一语双关可以分为两种类型：也就是语义双关和谐音双关。

我们首先来了解一下什么是语义双关：语义双关就是指利用字词的多种意思使语句一语双关。比如刚才视频中的小万说"我亲妹妹被打了"，其中"亲"这个字就可以有两种理解，一种是动词，表示"亲"这个动作；另一种是当形容词，修饰后面的"妹妹"，表示一奶同胞的亲妹妹。所以"我亲妹妹被打了"这句话就有了两种解释：一种是我被打了，另一种是妹妹被打了。

谐音相关更好理解。比如经常会在成语中出现的谐音：空中布袋——装疯（装风）；宋江的军师——无用（吴用），再比如我有一个"董事（懂事）的弟弟"，大家可以利用谐音错义，来制造发笑的故事。

3.4 段子

最后我们来看段子，什么是段子呢？段子原本是相声中的一个艺术术语。现在大家对"段子"的通常理解是：一段故事或笑话的简称。段子手，自然就是指写段子的人，通常他们会把生活中的无聊和酸楚通过诙谐的语言编排成笑点，为人们带来欢乐。例如："你有女朋友吗？""没有的话想不想有一个，有的话要不要换一个，不换的话介意不介意多一个。"

段子的类别很多，我们平时可以多收集，这样的话才能活学活用，随时调取。

这一课，我们介绍了创作幽默型视频脚本的四种方法。只要你掌握了这四种方法，就可以制造出一些情景剧的效果。当然，幽默型脚本的写作并不仅仅有以上四种方式，所以，还需要大家多观察，多看，多学习，也多模仿。

【本节作业】

利用本节提到的幽默技巧，创作一篇不少于300字的婆媳幽默剧本。

第4课 小红书的运营规则及签约条件

相信大家在很多地方都听过小红书这个 App，也有很多朋友在运营小红书，不过依然有一些朋友并不太了解它的规则。其实，小红书的种草文案也是我们文案内容变现的一个重要类型。所以这里我就为大家聊一聊关于小红书的运营规则及签约条件。

小红书是一个生活方式分享社区，创始人是毛文超和瞿芳。既然是一个分享类社区，那么它更注重用户的真实使用体验。这就要求内容创作者在某个领域需要拥有一定的使用心得和分享经验，因此小红书以种草类型的内容为主。接下来，我们一起来看看小红书的运营规则。

4.1 运营规则

1. 什么是收录？为什么要被收录？

在小红书中经常会出现一个词叫作收录，那什么是被收录呢？意思是说，你的笔记只有经过官方审核，被确认符合要求，才能被非粉丝的阅读者搜索到，才会拥有曝光量。

那么，不被收录的笔记就不能看了吗？也并非如此。不被收录的笔记可以被你的粉丝和自己看到。但是不被收录的笔记不会被平台推广，你的阅读量可能只有个位数或者十位数。

2. 如何查看是否被收录？

查看你的分享笔记是否被收录，有两种方法：

（1）利用搜索功能进行查看是否被收录。在小红书界面的最上方，我们可以看到一个放大镜，在这里我们可以将笔记的名称输入，进而检索。如果找不到这篇笔记，那么这篇笔记就是默认没有被收录。

（2）搜索你的账号昵称，如果能在主页查到这篇笔记，即为被收录。

3. 内容多久被收录？

一般情况下，5 分钟内你的笔记就可以被收录。如果是二次编辑，最长时间也是 5~30 分钟内即可被收录。如果你的笔记长达一天还没有被收录，那么很可能你的笔记就是不符合要求的。

4.2 笔记不被收录或屏蔽怎么破

1. 不被收录的原因

小红书的审核机制是比较严格的。一篇笔记如果不被收录，很可能存在以下 4 种问题。

（1）是否被判断为营销号

什么是营销号呢？其实就是指平台判定你的笔记太商业化，宣传了其他平台的东西，这时候你的账号将被判断为营销号。

怎么判断是不是被小红书平台判定为营销号呢？

首先，营销号的阅读量一般特别低，每一篇笔记都是十几个阅读。

其次，我们可以从电脑端主页进入小红书账号，复制一篇笔记的链接然后打开，从笔记里查看阅读量是否为 0。

如果出现以上两种现象的话，那么你的账号已经被小红书判定为营销号了。那么这时候，你发任何东西都不会被平台曝光。

（2）账号权重问题

一个账号的权重是很重要的。在小红书，我们会被平台分为 10 个等级。

每个等级都有专属小红书名称，而且每个等级都有一定的达标要求。如果你的笔记累计总数达标，那么你将会升级到下一个级别。最高级别是第10级金冠薯，达到这个级别的要求你的权重就会升级到最高。那将意味着，你的笔记将会被更多的人看到，你的笔记阅读量自然而然也会跟着水涨船高。

相反，如果你的权重很低，你的笔记很可能会石沉大海，推荐量就会很低。那什么情况下会出现权重问题呢？比如经常发布营销类的内容，系统就会判定你的账号存在营销嫌疑；或者在无线网络下，同时会出现很多小红书账号登录，平台就会判定你非法操作。

（3）包含敏感词

敏感词大家都知道，比如过分夸张地营销，如"一天内""全国最""唯一"，再或者是政治敏感词、国家禁用词汇等，这些都是平台所不提倡的，因此，这类词我们不能用。

那怎么检测敏感词呢？这里给大家两种方法：

第一种方法就是在微信小程序，搜索"敏感词"三个字，这样就会出现广告敏感词检测小程序。

点击进入敏感词检测小程序，我们就可以把需要检测的关键词或者句子放进去检测。如果有敏感词，文字就会显示为红色。

第二种方法就是通过广告法公布的违禁词汇进行查询。这时候我们就可以下载最新的广告法敏感词文件，去查看自己的内容是否存在违规。

2．被屏蔽之后的解决方案

被屏蔽的内容是不是就没救了呢？并不全是。如果没有被平台判定为营销号的话，那么基本是可以通过补救挽回的。

首先，我们可以通过修改敏感词、修改商业化的内容、查看图片设置是否不恰当或者评论回复是否不恰当这四个方面，来修改自己的笔记，从而达到标准，进而增加曝光量。

其次，我们可以调整写作方向，将产品容易踩雷的内容删除，换个方向继续进行创作。

综上所述，我们主要介绍了小红书的推荐机制以及运营规则，希望大家可以加深对小红书的了解，从而避开雷区，创作出更优质的内容。

第5课 4类种草文案让你变身小红书达人

作为一个内容创作者，了解了小红书的运营机制不是目的，我们的目的是通过熟练掌握和运用平台规则进行内容创作。那么，如何在小红书的平台上创作出更优质的内容呢？

我们在前面已经讲到，小红书是一个分享社区，我们的内容主要以分享类型的为主。在这里，我将分享类型的内容分为四大类，并分别讲讲每一类文案到底应该怎么写。

5.1 种草笔记写作手法。

什么是种草呢？它本来是一个网络流行语，是指分享推荐商品的优秀品质和行为。那么在这里，就是指把好物推荐给大家的意思。

那么种草笔记的写法通常是什么样的呢？在这里我总结了两个公式。

第一个：个人经历＋误区＋植入产品。

让我们以一个真实案例来解析。

Annie：

产后妈妈看过来，管理身材的小秘密！没错！我又去野餐啦……

自从有了宝宝之后，平时都挺忙的。趁着周末阳光正好，野餐走起！

绝不辜负这好天气。其实每次野餐也都是为了拍出美美的照片。保持少女感当然很重要。毕竟好身材才会上镜嘛！

生完宝宝后其实是重塑身体机制的好机会，抓住产后恢复阶段的黄金时间，用安全有效的产品养成好体质。

记得刚生完小孩的时候，我还是蛮肉肉的。为了尽快恢复状态，在管理身材上也下了不少功夫，也试了非常多的方法。但又要照顾孩子，很少能空出时间去运动，只能看着肚子上的肉越来越多，非常沮丧着急……

后来接触到超级补丁家的抱紧一生君，它含有丰富的益生菌，每天饭前15~30分钟冲泡一杯。它不含蔗糖，可以放心喝。其实刚开始我是抱着试试看的心态，后来喝着喝着发现，还真的是不错。

白色的封皮下是蜂巢式的独立小包装，淡橘色的粉末，很好冲泡。喝起来是淡淡的橘子味，完全不甜腻，微微甘苦很好喝。

现在出门我完全离不开它，已经是我包里的必备单品了。关键是小小一颗布丁，外出携带超方便。我平时很喜欢野餐，约上三五好友或者带上小朋友出门放风都是不错的选择。聊聊天，看看风景，吃吃馋嘴的小零食，心情也会愉悦很多。拿出随身带的小布丁，冲上一杯，解渴又清爽。

大家看到这篇笔记了吗？

第一步，作者通过讲述个人经历来表达，"记得刚生完小孩的时候"身上的赘肉，再加上需要照顾孩子，因此没时间出门健身等这些尴尬的窘境，以此来证明，生完孩子的母亲是多么无奈和悲催。

第二步，讲瘦身的误区以及缓解的方法。在这里，作者并没有过多地说到瘦身的误区，比如单纯节食并不能瘦身这样的错误做法，而是直接植入了产品"超级补丁"家的瘦身益生菌。从外观到口感，再到携带方便，作者说了很多产品的使用功效。

在这里需要补充的是第二步，误区及解决方法。这一步骤其实很重要，因为误区是给大家介绍错误的做法，在给人警醒的同时避免其他人继续踩雷。因此，我们在写文案的时候，尽量不要省略或者忽视误区部分，这样内容才会显得更完整、更真实，且更加让人信赖。

第二个：痛点＋干货＋植入产品。同样，我们以一个案例来为大家讲解。

Cyan：

【不节食！！ 120~95斤减肥成功总结】减脂瘦身！

一到年底，时间嗖嗖嗖就过了……又临近过年啦，各种吃吃吃又得安排上了！

作为一个易胖体质星人，为了迎接即将到来的各种大型节日，减肥餐对我来说必不可少。

但是现在网上很多现成的食谱都真的太令人难以下手了，各个明星的减肥餐也基本没有什么参考价值……普通人需要的还是比较日常又能维持身材管理的健康瘦身食谱。

其实我一直以来都比较抗拒节食减肥，它能在短期内让你瘦下来，但长此以往可能出现报复性摄食或者厌食症，所以大家一定不要选择这种极端方法！

在我看来，合理膳食搭配运动健身，才能变成一个健康的瘦子！之前也一直没有系统地写一下饮食，这几天咨询了我的教练，终于获得了一份营养均衡的科学瘦身食谱！写在图片里分享给大家啦！

除了食谱以外，还有一些日常事项需要注意的噢！

①三餐定时

以便于我们的消化系统形成记忆，帮助我们控制身体饥饱的开关，身材当然也更容易控制啦！

……

第一步：介绍痛点。大家看到这位作者的开头："作为一个易胖体质星人，为了迎接即将到来的大型节日，减肥餐对我来说必不可少。"每个人都离不开吃，但吃了就会拥有变胖的烦恼，这就是痛点，也是人人逃不过的劫。

第二步：讲干货。作者介绍节食减肥不正确，我们需要做的是"合理膳食搭配运动"，进而通过三个步骤介绍日常注意事项，这就是典型的减肥方法论。

第三步：产品植入。作者在最后一笔带过了想要介绍的产品，并且说："如果配合这个产品使用减肥效果更好。"

你看这就是完整的痛点＋干货＋产品植入的种草笔记。

5.2 故事笔记写作手法

故事类的笔记为什么受欢迎？那是因为人人都喜欢看故事，并且好奇别人的生活。因此故事类的内容不仅仅小红书受欢迎，任何平台的阅读量都很高。

在这里，同样是给大家一个公式：故事（正面故事说效果或者反面故事说痛点）＋一句话文案。

这类的小红书笔记有很多，我们看下面的案例。

职场水教授：

10 年自媒体经验，教你副业收入如何超过主业。

哈喽，各位红薯宝宝们大家好。

深夜放毒，我又应大家的要求来聊自媒体的实战经验了！其实自媒体说起来容易做起来也难。因为它跟从事时间长短没关系，和你的坚持与经验多少有关系。如果你能掌握诀窍，你也可以做得游刃有余。

1. 先说说我是如何从月薪 1.6 万元到月薪 5 万元的。

没有什么好方法，就是经常性地投稿、写稿，努力在修改中提高自己。于是我从稿费 100 元 / 篇，写到了 2000 元 / 篇。

随着签约的平台越多，我写作的时间也会变长。慢慢地，稿费也就越来越多了。最后，我选择辞职，做起了自由职业者。

2. 如何开启自媒体之路？

多看书。比如关于写作的书、关于文案的书。我们必须要多读多看。刚才给大家介绍了6本很火爆的写作网红书单。其次就是投稿。很多平台都是征稿的，可以选择尝试投稿。

最后，除了投稿之外，还可以在一些自媒体平台上写作。这和投稿不同，因为投稿会有被拒稿的情况。这时候，我们可以拿着那些自认为比较不错，却被拒稿的稿子，去其他平台发布，也许就会出现爆款文章。

3. 写自媒体应该具备哪些技能？……

这是我自己的一篇分享笔记。大家可以看到，我采用的是典型的故事法。

首先，我讲了自己"坚持写作10年"之后的表现，"签约的平台越来越多，稿费越来越多"，这些都是我从无到有的表现。

进而我告诉了大家方法，比如"如何投稿"，如何"开始写作"，等等。

最后，我一笔带过说了一句"如果喜欢写作，欢迎关注我"。这是一句非常典型的软性广告植入，其实也不算广告。但是关注我，已经构成一种引导，因此，算是一种软植入。

需要说明的是，我这里采用的是正向故事，意思是说，通过这样的努力我得到了什么。那么反面故事，也就是痛点故事，大概是相反的，首先从踩了哪些坑开始说起，这样的效果会更好。因为很多人都喜欢看别人惨痛的教训，从而让自己产生更大的优越感。因此，大家可以根据自己的真实故事或者身边听说的真实故事进行改编，从而创作出更好的、更吸引人的优秀的分享笔记来。

5.3 干货测评类笔记写作手法

干货测评类的内容是小红书比较独特的一种写作方式。它是指一种产品或者一类产品，在使用前后主人公的真实感受的对比。我们拿美妆类的内容来举例：比如有个帖子主要评测了40款水乳功课，从补水保湿、美白提亮、抗初老、消炎祛痘、改善闭口、舒缓修复、贵妇水乳、男士水乳八个方面打分，给予读者建议。

一种产品的测评：比如我们今天测评一款爽肤水，我们就可以通过这款爽肤水的产地、包装、使用功效、味道等来评测它的好坏。

一类产品的测评：还是爽肤水，我们不仅仅是测评一款爽肤水，而是把市面上比较火爆的几款爽肤水都拿过来，分别从以上几个维度进行对比测评。这样做的好处就是，让大家知道哪个款式的爽肤水最好用，从而种草给客户。

同质却不同类别的产品测评：比如美白类的爽肤水和美白类的乳液以及美白类的防晒霜，是否都含有同样的某种物质，毕竟它们的功效都是用来美白。那么，同样是美白产品，我们应该选择爽肤水、乳液还是防晒呢？这就是我们这篇笔记要说的内容。

这种同质却不同类别的产品测评同样很有必要，因为在功效差不多的情况下，可能使用体验会有明显的差别，不同的人可能对不同的产品有着不一样的使用感受，所以这类笔记同样比较受欢迎。

需要注意的是，第一，测评类的笔记无须浮夸，我们只要从几个不同的维度把产品的优势和缺点说清楚就好，毕竟越是真实，展示给大家的选择才越客观和到位，那么这篇测评笔记才能起到它真正的作用。第二，测评类笔记涉及的产品品类比较多，采用图片说明更形象，甚至有时候不需要写过多的文字。这也是小红书平台比较随意的一种文案方式。

5.4 干货大型合集笔记写作手法

什么是大型合集呢？它是指同类产品的一个集合，做这类产品的合集目的就是省去大家搜索查询的时间，方便大家收藏。同样地，我们以一个例子来说明。

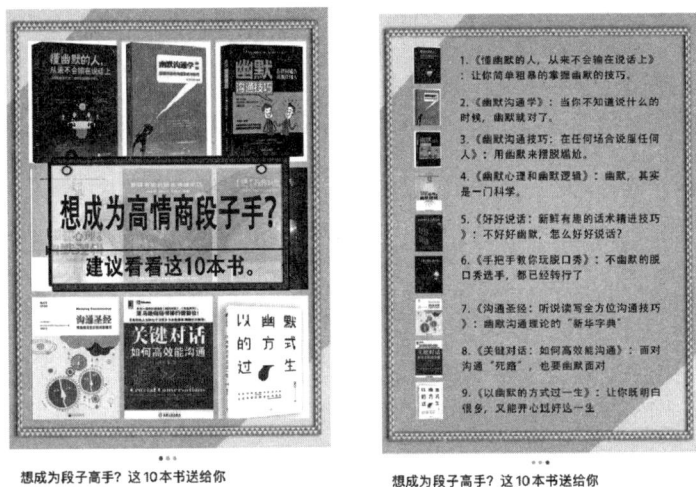

图 2.20 幽默书单

这是一个典型学习幽默技能书籍的合集。我在里面展示了 10 本不同的书，并且用一句话总结了书籍的作用。它既方便了大家通过图片搜集到书籍，又方便大家进行整理合集，对喜欢这类书籍的人起到了很大的帮助作用。

当然除了以上四类内容，我们还可以看到很多其他内容的笔记，比如综艺评论类，或者视频类。当然，除了以上四类笔记外，大家还可以继续打开脑洞，寻找属于自己的新型笔记。最后，预祝大家都可以通过小红书的笔记写作成为爆款文案达人。

【本节作业】

利用本节讲到的四种种草笔记中的一种，为书籍类目撰写一篇书籍类种草笔记。

第三篇　文案写作变现

　　学会写作不是目的，能够实现副业的增值才是我们的最终目的。

这一篇主要讲解了四大变现文体的投稿渠道，通过介绍最具实操

性的方法，告诉大家如何投稿，如果对接资源，进而将自己的文

字变成有价值的东西。

第1课 写完初稿怎么办? 懂得这3个道理,稿件被拒零概率

很多写作者,在写完稿件之后,因为怕过了交稿时间,所以根本不检查,就把稿子一股脑地提交了。其实这是一个非常错误的做法。

因为如果你的稿子出现大面积的问题,对方的编辑很容易对你的印象大打折扣。甚至有些编辑,因为你的错误率太高,而直接拒绝了你的稿子。

他们很可能会说:抱歉,你的稿子不适合我们平台。因为作为编辑,他们每天都要面对大量的文章,对他们而言审稿也是非常辛苦的差事,所以他们更希望你的稿件本身就很优秀。

至于那些有待修改才能变好的文章,他们很可能就直接选择放弃了。

那么,难道我们花了好几个小时写的稿子就这么被浪费了吗? 我们被拒稿的原因是什么? 下面就跟随我一起来看看这些问题。

1.1 为什么会被拒稿

被拒稿的原因其实有很多,但主要有以下三种原因:

1. 稿件与平台的调性不符。

调性,我们经常在投稿的时候听到这个词,很多小伙伴并不懂这是什么意思。所谓调性,它原本是指音乐方面的内容。解释为:调的主音和调式类别的总称。例如,以 C 为主音的大调式,其调性就是"C 大调";以 a 为主音的小调式,其调性就是"a 小调"。以此类推,一般音乐中主要有 24 个调性。

那么什么是文章的调性？举个例子：有人写文章很社会，还带一点幽默。同样一句话，比如"你今天真美"，用幽默的笔法来表达就是："哇哦，你今天真是个靓妹，请收下我的彩虹屁"；而用富有内涵的文人气质表达就是："风情万种，儒雅端庄"。

你看，同样是表达美丽，居然有很多种不同的笔法，那么这个调性，大概就是如此。

因此，"文章不符合我们的调性"就很好理解了。它大概就是指，我明明想要一篇美文，你写成了议论文。那我肯定不能接受你的这篇稿子，因为它不符合我们的平台。

2. 你写文章的水平还达不到。

这里所说的文章水平可以从两个方面来衡量：

（1）文章的深度不够。

所谓深度，就是指文章的信息增量。打个比方，同样是写一篇努力就能获得收获的文章，有人只是干巴巴地喊口号："不努力一定不行，努力才能成功"；但有些作者会引经据典，还能用一些金句或者数据来证明努力是成功的一个重要原因。

这就是文章的深度，也就是文章的信息增量。

（2）文章的广度不够。

所谓广度，基本就是你的文章所涉猎的宽度。比如同样是写"努力就能成功"的文章，有人就从这个角度入手，举了三个不同的人成功的例子，但例子大致相同，都是讲某某某因为努力获得了什么。比如小 A 努力成功了，小 B 努力成功了，小 C 努力也成功了。

但是同样角度的例子，举一个就可以，根本不需要举太多的例子。

那么，增加文章的广度，我们应该怎么做呢？举例子时，我们要写出例子的差别。打个比方，我们可以举一个名人通过努力得到成功的例子；接着我们再举一个普通人通过努力获得成功的例子；最后，我们还可以举一个"如果你不努力，再聪明也会失败"的例子。

你看，这样三个例子就出现了三个不同维度，而这三个维度，很完整地说明了文章的论点，简直是天衣无缝。

3. 你的文章错误率太高了。

所谓文章错误率太高，那就更好理解了。你的文章虽然写完了，但是你根本没有时间去检查，文章出现了很多错误。这样的后果就是，编辑根本没有心思看完你的文章。

1.2 如何检查和修改文章

因为错误导致文章被拒，那简直太悲哀了。

如果我们写完文章后，能够进行自我检查，就会大大地降低文章的出错率，从而提高通过率。在这里，给大家介绍一下检查和修改文章的好方法。

1. 聚焦主题，删掉无关内容。

每次写完文章后，我们都要做一次删减，不是删几个字词或者其他小细节，而是整体审视：先明确本篇文章的核心主题是什么，然后一边在心里想着这一主题，一边从头到尾快速重读一遍文章，大凡遇到对主题没帮助的论点、论据，都要果断删除，哪怕它很精彩，也是个累赘。

你一定要记住一句话：一篇文章好看，不是因为哪一段好看，而是整体好看。好看的文章之所以好看，是因为从头到尾，环环相扣，步步推进，中间没有累赘的东西。每一个累赘的东西，都会减弱整体的逻辑、流畅感、价值密度，也容易让读者"出戏"。

2. 优化重复表达。

接着第二步，就是优化重复表达，精简内容。很多人在写作的时候都会犯一个错误，就是重复表达。这就像我们和一个特别啰唆的朋友聊天，我们内心会非常崩溃：这件事刚刚不是说过了吗？怎么又说了一遍？

那么什么样的文章才叫重复表达呢？一般有四类。

（1）相近的观点

比如，新媒体写作者粥佐罗说，他写《我见过情商最低的行为，就是不停地讲道理》这篇文章的时候，写过两个论点：第一个论点是：情商高的老板，少跟员工讲道理；第二个论点是：情商高的老板明白，管人就是管情绪。最后发现，这两个论点的阐述和例子其实差不多，观点也太相近了。像这样的两个观点，其实就可以合并成一个观点。

（2）同质的案例

什么叫同质的案例？就是说在写作的时候，为了说明一个观点，我们需要举两个及以上的例子，比如第一个案例发生在国外，另一个发生在国内，这就是两个维度的案例。但如果两个案例都是一个区域一个时间一个人群的话，那么这两个案例就属于同质化的案例。此时就可以删掉一个，只需要留一个就够了。

（3）不同的说辞表达同样的内容

有的时候，为了凑字数，有些人会用不同的说辞表达同样的意思，看上去信息量很大，其实文章空洞无物。不同的说辞表达同样的内容，最为常见的形式就是镜像重述。所谓镜像重述指的是简单地用肯定和否定的形式表达同一个意思。比如这句话：

我们最好7点钟准时到咖啡厅，不要迟到。

这里"准时到"和"不要迟到"是一个镜像重述。又比如：

情商高的人懂得把优越感留给别人，不会光顾着自己"秀"优越感。

这句话也是一种镜像重述。

所以我们检查文章的时候，遇到镜像重述的内容，留下一种表达方式就可以了。除非前后表达手法变了，增加了说服维度，否则就是啰唆。一句话能说清的事，尽量不要用两句。

3. 精简内容。

接下来，我们介绍修改文章时如何精简内容。其实写作的秘诀很简单，就是把每一个句子都剥得很干净。

比如每一个无用的词、每一个可以被简化的词、每一个已由动词表达其义的副词、每一个要让读者猜测施动者的被动结构，这些都是我们可以精简的对象。具体怎么删减那些累赘无用的字词呢？主要有以下几种类型和修改方法。

（1）不必要的代称原句

原句：周末和朋友吃饭，他跟我说，最近因为遭遇单位降薪调岗，所以心情很差。

改后：周末和朋友吃饭，他说，最近因为遭遇单位降薪调岗，所以心情很差。

（2）删掉不必要的因果词

原句：周末和朋友吃饭，他说，最近因为遭遇单位降薪调岗，所以心情很差。

改后：周末和朋友吃饭，他说，最近遭遇单位降薪调岗，心情很差。

（3）多删一点"的""是""了"

原句：我和新来的大学生享受着同级别的待遇。

改后：我和新来的大学生享受着同级别待遇。

原句：可是没过几天／但是没过几天，他还是向公司递交了辞职申请。

改后：可没过几天／但没过几天，他还是向公司递交了辞职申请。

（4）删掉累赘词

原句：前段时间因为采访的缘故，我认识了一个名叫小明的餐厅店长。

改后：前段时间因为采访，我认识了一个名叫小明的餐厅店长。

再改：前段时间采访，我认识了一个名叫小明的餐厅店长。

再改：前段时间采访，我认识了一个叫小明的餐厅店长。

　　再改：前段时间采访，我认识了个叫小明的餐厅店长。

　　再改：前段时间采访，我认识了个餐厅店长，叫小明。

　　要掌握这个修改文章的技巧需要你的耐心、细心。对于文章，你要一字一句地去读，然后一点点修改。但只要你这样做了，你的文章立马会上一个档次。

　　因此，一篇文章价值密度低，通常表现为内容与主题无关，表达重复啰唆。所以要提高文章的价值密度，要先减大再减小，先从整体入手，聚焦主题，删掉无关内容，优化重复表达，再从细微处入手，从头到尾精简每一句话。

　　其实，文章的调性一般是指作者的写作习惯。很多作者觉得很难去改变自己的习惯。但是，如果是非常优秀的作者，一定会从样稿里或者编辑给出的要求里捕捉到重要信息，能根据要求改变自己的写作习惯，写出适合平台调性的文章。这是一个优秀作者所应该具有的基本能力。

　　而文章的深度和宽度，这就需要我们长时间的积累。比如多看书、善于收集素材、再或者就是多读书，多进行写作训练，这是提升写作水平的关键因素。

　　最后，即便你是一位非常优秀的写作者，也需要对自己的文章进行自我检查，因为这不仅是尊重对方，也是自我提升的好方式。在修改文章的过程中，我们可以发现很多错别字或者逻辑性的错误。而这些都会影响审稿人对我们文章的感受。因此，学会自我检查和修改文章，将使你的文章质量获得大幅度的提升。

第 2 课　不会排版怎么行？你需要在细节上下功夫

　　作为一个专业的写作者，除了会写文章、会修改文章之外，我们还需要很多额外的技能傍身。毕竟，这样才能使得你的文章更加美观完善。

　　会排版，是新媒体写作者的必备素质之一。我给大家介绍三款比较好用的排版工具，它们分别是：秀米、135 编辑器、易点编辑器。

　　虽然公众号的后台自带编辑器，但是功能非常简单，排的版面也并不美观。当读者阅读文章时，除了看文字，好的排版和形式也是重点。试想一下，如果你的文字密密麻麻还没有分段，读者很可能就看不下去。

　　所以在这里，我为大家简单地介绍一下秀米的使用界面。它是我最常用的编辑器，因为它可以转发和生成预览，还可以随时修改。

2.1 秀米的使用方法

　　第一步：打开网页浏览器，输入秀米即可。秀米是网络图文编辑器，所以只能在有网络的情况下使用。

　　第二步：点击秀米网址。

　　第三步：进入页面。

　　第四步：选择微信登录或者邮箱登录，建议使用邮箱登录，这样方便日后传阅。

　　第五步：已登录状态，点击"我的秀米"。

　　第六步：点击"我的排版"。

第七步：点击"免费"。

第八步：点击"另存给自己"。

第九步：在"我的图文"查看。

第十步：再次点击"我的图文"。

第十一步：此时，会在页面出现这个图文。

第十二步：再次点击"编辑"。

这样，编辑工作就完成了。需要说明的是，它的排版可以直接套用，也可以根据自己的需求去排版。但是，如果自己排版，需要调整一些图片参数和后台指令。不过秀米上有排版课程，大家可以自学。

2.2 封面图制作工具

发布文章一定要有封面，因为一个好看的封面，甚至可以增加文章的点开率。那么，如何设计一个好看的文章封面呢？在这里，我给大家推荐两款小工具。

第一个就是"创客贴设计"。如果你不是 PS 高手，就可以用这个工具完成文章的首图制作。

大家在手机下载"创可贴设计"App，点击登录，就可以看到里面有日签图、海报图，还有适合文章或者朋友圈等各种主题的图片。只要你动动手指，把平台做好的海报换换名字、文案，就可以迅速做出一张精美的海报。

第二个就是 Canva。这是一款完全可以代替 PS 的傻瓜式制图工具。想做自媒体或者小红书的朋友，一定要学会作图。有了美图的装饰，会为你吸引来更多粉丝，并有效提高阅读量。

Canva 不仅可以设计图片，还有很多免费图片供你选用，而不必担心侵权。同时，还有很多不同风格的模板，像简历、PPT、海报或者日签的模板等，可以说应有尽有。Canva 可以一键抠图，不用学复杂的 PS，你也可以成为一个制图高手。

2.3 收集图片的工具

除了在百度搜索关键词来寻找合适的图片，我们还可以去花瓣网、包图网、千图网等图片网站寻找适合文章的图片。

其中，花瓣网的图片非常清晰，也非常漂亮。而包图网和千图网，一般都是专业制图用的 PS 源文件，使用时需要付费。如果你会 PS，这两个网站建议你去看一看。

要玩转写作变现，把文章写好，这是最基础的工作。另外，做好封面和排版，进一步美化文章的表现形式，这对文章阅读量的提升有很大帮助。期待大家都可以通过掌握这些技能，让我们的文章拥有更多的读者。

第 3 课　带货软文变现渠道及投稿方式

　　文章写得再好，如果没有鲜花和掌声，对一个写作者来说，也是毫无意义的。所以，变现对写作者来说是必不可少的环节。只有获得了一定的收益，才能激励我们更加努力地继续创作。

　　接下来，我会给大家介绍不同类型的文案变现渠道和投稿方式，带领大家学以致用，通过写作来创造收益。

　　我们就先来说说带货软文的变现渠道和投稿方式。众所周知，带货软文是最具有商业价值的一类软文。它拥有带货功能，可以产生很高的附加价值，所以优秀的带货软文价值连城。

　　在这里，我将带货软文的投稿方式分为两个大类，第一类是投稿类的带货文案变现；第二类是自媒体类的带货文案变现。

3.1 投稿类的带货软文变现

　　投稿类的软文变现是大家接触比较多的。比如我们写了一篇文章，可以在网络上进行投稿，以此来获得它的使用价值，具体的操作方法是：

　　首先，我们可以去智联招聘、58 同城、Boss 直聘，或者其他兼职类平台搜索关键词"撰稿兼职"，然后根据搜索结果，选择出适合自己投稿的平台和公司。

　　其次，把这些公司进行筛选对比，选择和自己擅长的文案品类相关的兼职供稿方。然后，根据公司或平台要求提供稿件。在这里需要注意的是，有些公司需要我们加微信后台联系，还有些公司需要我们将稿件投稿到邮箱，我们只要按照步骤来操作就可以。

一般情况下，投入邮箱的稿件有效天数为 7 天。如果对方没有回复，我们就可以自行处理了。

投稿的优势是显而易见的。如果投稿的第一个公司不需要，我们可以进行二次投稿，直至稿件被采用。这样，我们写一篇文章可以获得多次投稿机会，也是比较划算的。

投稿的另一个好处就是可以根据编辑的修改要求或批注进一步完善修改文章。有时候，审稿编辑会在返给我们的稿件上进行详细的批注，提出修改要求。于是我们就可以根据批注的内容和修改要求，来进一步优化我们的文案。由此可见，投稿过程，与审稿编辑的互动，也是一个边学习边进步的过程。投稿这种形式尤其适合那些有拥有固定时间创作的兼职写作者。

3.2 自媒体带货软文变现

投稿确实可以让我们获得部分的变现机会，但是有朋友会问：如果我写得不好，或者不符合对方的要求，最终稿件石沉大海，这样的话，投稿岂不是很浪费时间？

别着急，这时候我们可以选择第二种变现方式，那就是自媒体带货软文变现。

显而易见，自媒体带货软文变现肯定是在自媒体平台进行。像我们经常提到的今日头条、百家号、公众号等，都可以进行自媒体带货软文变现。

要做自媒体，首先要在平台注册。只有通过实名认证后，我们才可以在这些平台上面进行自我创作。自我创作，和投稿有着天然的不同。自媒体创作没有保底稿费，我们只能通过文章中广告的点击量来获得稿费。换句话说就是，文章的阅读量越高，我们的收入就会越多，但是如果阅读量很低，稿费基本上就可以忽略不计了。

很多小伙伴对此不解：既然没有保底稿费，写文章岂不是在浪费时间？其实并不然，自媒体虽然没有保底稿费，但是自媒体有着自己的天然优势。

首先，创作者的内容是在自己的自媒体账号发布，如果能保持长期输出，就是在为自己打造人设和IP，有助于建立自己的品牌和影响力。

其次，自媒体创作者可以随心所欲地创作自己喜欢的内容，调性和写作习惯都不需要根据其他需求方的改变而去改变，只要自己喜欢，就可以随时发布。这样就大大减少了审核环节，有利于大家创作更多内容。

最后，自媒体软文的收入是和阅读量和带货数量相关的。也就是说，你可能颗粒无收，也可能一夜收入过万元，因此这种收益的未知性能带给我们创作上很大的动力。

这就是自媒体带货软文变现方式的魅力。它看上去更加人性和公平。很多自媒体写作者更愿意接受这种方式。在自媒体平台，带货软文又可以分为以下两类：

1.做商品分销，赚取佣金。

什么意思呢？我们举个例子。比如说A公司找到你做书籍分销，对方有一类书籍需要你帮助他们宣传和曝光。你帮他们卖货，卖掉的一部分钱是属于你的，这些钱就是佣金。

佣金到底是多少，要看商家给你的提成力度到底有多大。一般情况下：佣金比例从10%~50%不等。佣金比例越高，商品卖出后得到的收入就越多，因此，人们更想和佣金高的合作商进行合作。

那这类商品怎么带货呢？每个平台的规则和要求都不一样，但是需要注意的是，并不是所有人都可以带货和分销。只有那些拥有一定粉丝或者具有一定影响力的组织和个人的账号，才具有带货的资格。

2. 撰写相关软文发布在自己的自媒体账号。

一般来说，这类稿件对粉丝的要求比较低。只要你写得好，并发布在平台上，为产品进行适量曝光，那么对方就可以给你一部分费用。

在这里，每个公司又不相同。有些公司会给保底稿费，这就是带货软文的保底收入。而有些公司不给保底稿费，而是按照阅读量来进行奖励。比如1万阅读给多少费用，5万阅读给多少费用，他们会确定一个稿费奖励的梯度标准。我们可以根据自己能接受的程度来选择不同的商家合作。

但是不要忘记，是否可以带货以及带货的效果如何，都是由粉丝和你文案的吸引程度说了算。毕竟，任何情况下，准备好实力才是一切变现的基础。

第 4 课　拆书稿变现渠道及投稿方式

有朋友会说："我也知道拆书稿能赚钱，但是我不知道该去哪里投稿啊？"很多人都遇到过这样的问题，只会写稿，却找不到变现的渠道。这里，我为大家整理了 10 大拆书变现平台，下面就来盘点一下这些平台的优势和征稿模式。

4.1 以 App 为主要阵地的 5 大拆书变现平台

这些 App 主要提供读书、听书、领读、带读等服务项目。除了 App，他们一般也有微信公众号，主要目的是辅助 App 做社群运营工作。而且，这类拆书平台都有一些共同点，那就是稿件需求量大。但是因为知名度高，投稿的人非常多，因此过稿比较困难。下面我们就具体来说一下这些 App。

第一个我们先说一下很多人都熟知的樊登读书。樊登读书是一个发展非常成熟的 App，主要提供听书服务。它的征稿启事发布在公众号里，我们可以通过公众号的菜单栏来获取投稿方式。另外，樊登读书也有定期的线下活动，这些活动是由樊登读书在全国的各个分会组织的。我们可以参加一些相关的活动，这也是一个拓展渠道、寻找资源的好机会。

接下来，我们要说的第二个平台是十点读书 App。十点读书的征稿启事也是发布在微信公众号里。我们可以看到相关的征稿要求、稿费标准，还有签约作者的条件和福利，等等。这个平台比较好的一点就是，投稿方式留的不是邮箱，而是编辑微信。我们可以直接添加编辑微信，以便及时和对方沟通，了解投稿标准和需求，从而提高过稿的概率。

上面这两个App的特点是平台大，需求量大，并且有长期征稿信息，我们可以通过平台上的投稿联系方式来参与试稿。

接下来，我们再来说另外三个平台得到、懂行读书和今今乐道。得到App，是由公众号头部流量团队罗辑思维出品的，里面不仅有听书、读书项目，还有各种大咖的付费课程。懂行读书App，以知识分享为主，分为两大板块：第一个是每日听书，这也是主要产生拆书需求的板块。第二个是"大咖圈子"板块，主要是以知识分享为目的建立社群和圈子。最后一个是今今乐道App，它在微信、微博、蜻蜓FM等自媒体平台上都有相关的听书项目。

这三个平台有一个共同点，那就是都有成熟的拆书模式和大量的征稿需求，但是只提供很少的公开征稿机会。在相关的App和公众号上，我们几乎找不到长期征稿信息。这是因为这种规模比较大、成熟的拆书平台都有自己培养的写手团队，或者有固定对接的供稿工作室。所以我们需要先找到这些工作室，或者应聘加入写手团队，才能获得投稿机会，才能接触到稳定的征稿渠道。

听到这里，有人可能想问："我怎么才能找到这样的团队呢？"别着急，我们下面就来说说这个问题。

4.2 以公众号为主要阵地的5大拆书变现平台

上面我们说到，App平台一般都是规模大、竞争激烈、公开征稿需求少，并且过稿很难。相比之下，通过拆书公众号来变现，机会就要大得多。因为那些以公众号为主的拆书平台基本都会有大量的征稿需求。

有人可能会问，公众号不会像App那样，建立固定的写手团队吗？其实，公众号没有App规模大，也没有那么固定。目前，很多拆书公众号刚刚崛起，虽然已经有了一定规模的稿件需求，但是还没有建立起相应的供稿团队。这也正是我们拓展稳定的投稿渠道的好机会。

这些拆书公众号大致可以分为两大类，第一类是线上线下项目结合的公众号，第二类是以线上为主打造读书矩阵的公众号。

我们先来看看第一类，线下与线上结合的公众号。这类公众号很大一部分是从线下读书会做起，然后再转型或者拓展到线上渠道的。这一类平台，我们主要介绍两个。

第一个是好好书院读书会。这本来是一个线下读书会，已经做出了一定的规模，有了固定的读者群体。后来，好好书院转型线上，建立了公众号。因为网络平台的便捷性和受众群体的扩大，他们的稿件需求量也有所增加。目前，好好书院也和我的工作室建立了合作关系，由我的团队来为他们供稿。

像好好书院这类平台，就是正处于培养和建立供稿渠道的时期。他们目前没有自己的写手团队，主要通过和工作室合作来获取稿件。所以我们想投稿，最好能通过工作室来搭建渠道。

接下来介绍拆书帮，这也是一个比较大的公众号。它是线上与线下结合，打造了一个读书和拆书爱好者的学习社区。目前这个公众号没有直接公开征稿渠道。但是它在全国60多个城市设立了分舵，在公众号可以找到所有分舵负责人的联系方式。如果我们想往这个平台投稿，可以与他们的负责人联系，或者加入社群，从中获取征稿信息。

说完了这类公众号，我们再来看看第二类公众号，那就是以线上活动为主，打造读书矩阵的公众号。

首先我们介绍一下干货帮。这个公众号有长期征稿的需求。在公众号的菜单栏里，我们可以找到征稿启事，里面详细介绍了投稿要求和稿费标准，还留下了投稿邮箱。除此之外，他们也长期招聘全职写作者。熟悉拆书稿的写手也可以应聘全职写手，毕竟这是一种稳定的供稿方式。

我们要介绍的第二个公众号是有书，这个公众号的特点就是规模比较大，有公众号、社群、直播等模式，还开发了 App。但是它的主要征稿需求依然在公众号平台。如果我们想投稿，需要先在公众号的菜单栏里找到在线客服，向客服发送关键词"投稿"，然后客服就会提供征稿信息给我们，包括稿件标准、投稿方式、格式要求，等等。

最后我们再介绍一下慈怀读书会。这个公众号以读书分享为主，打造了包含三十多个公众号的读书矩阵。公众号矩阵的稿件需求量也是非常大的。我们可以在公众号菜单栏里看到他们的长期征稿启事和投稿邮箱。

以上就是给大家介绍的 10 个拆书变现平台，包括 5 个 App 和 5 个公众号平台。我们可以通过邮箱投稿或者添加编辑微信的方式来获取试稿的机会。

但是我们前面说过，每个拆书平台其实都在逐渐建立自己的写手团队，或者寻找可以长期合作的工作室来作为他们的供稿渠道。所以，我们想要真正实现拆书变现，为自己建立起稳定的变现渠道，还是需要从两个方面来入手。

一是提高自己的稿件质量。我们都知道，每个拆书平台每天都能收到大量的拆书稿件，那么哪些稿件能被选中呢？不用说，肯定是那些写得好的稿子。而比起观点文或者故事类稿件，拆书稿的质量评价标准是有规律可循的。比如你只要逻辑清晰、语言流畅地介绍了一本书的精髓，那基本上就是一篇很成功的拆书稿。所以，只要我们掌握了拆书稿的框架和写作技巧，再多加练习，就有很大的概率被平台选中，甚至成为他们的固定写手。

另外，想要实现写作的稳定变现，除了保证稿件质量，还要明白一点，那就是团队的力量永远大于个人。就是说，拆书平台更倾向于寻找可靠的写作团队来作为供稿渠道，并且把大部分稿件交由团队写作，只有很小一部分会向个人写作者征稿。

所以，除了关注各个平台的征稿信息，我们也要多寻找工作室或者写手团队资源。一般情况下，我们可以通过网络招聘、拆书平台发布的招聘信息，或者通过参加读书会的线下活动等方式，来挖掘并获得这类资源。只有找到靠谱的团队，我们才能有更多的机会建立稳定的写作变现渠道。

第 5 课　短视频、小红书变现渠道和投稿方式

我们前面学习了小红书和短视频脚本的写作，现在我们了解一下短视频脚本和小红书的变现渠道和投稿方式。我们将小红书和短视频放在一起讲，原因是小红书也可以发视频，它的变现方式跟短视频的变现方式很像。

5.1 小红书的两类变现方式

小红书的变现方式其实有很多种，在这里我把它归为两类。第一类是线下普通变现（不限制粉丝数）；第二类小红书品牌合作人（5000 粉丝以上）。

1. 线下普通变现（不限制粉丝）

所谓线下普通变现方式，就是不限制粉丝数量的推广，通过 KOL 或者 KOC 的方式来为自己接广告。

这种方式怎么操作呢？就是线下招聘或者朋友推荐加入社群，社群里发布任务，大家接单。这类平台很多，比如美妆类或者美食类公司会招募一些运营小红书的 KOL 或者 KOC，然后通过他们的平台发布笔记，进而达到曝光公司产品的目的。

这类平台对粉丝的要求比较低，他们会根据你账号的粉丝量和活跃度，为你的内容进行定价，从而达成合作。

至于发布的内容，有时候需要我们自己撰写，这样我们会获得相应的稿费；有时候不需要我们撰写，而是由对方提供内容，这样我们就只收到一个发布费用。

2. 小红书品牌合作人

小红书品牌合作人，是需要具备一定的申请条件的。首先，需要进行个人认证，同时需要具备 5000 粉丝。最后，每个月笔记的曝光量总数需要大于等于 10000。

那么成为小红书品牌合作人的好处是什么？

首先，广告收费标准有了明显提升。一般的小红书账号在社群里接广告，一条广告的收入只能拿到 10~30 元，报酬很低。成为小红书品牌合作人之后，一条广告的收入会升至 500~1000 元。

其次，成为小红书品牌合作人之后，你的权重会增加，曝光量也会明显增加。这有助于自己品牌的打造与推广，非常有利于个人营销。

最后，接商单更方便，资源也会更加多样化。成为小红书品牌合作人之后，我们就可以正式接各种广告。广告主可以通过合作达人后台，找到我们的个人 IP，与我们达成合作，同时，也不会影响我们在线下接其他类型的广告。这样就使得我们的写作变现渠道实现了多样化。

那么，成为小红书品牌合作人之后，我们是不是要更好地运营自己的内容呢？我们又该如何打造自己的个人品牌呢？在这里我为大家提供两方面的思路。

（1）人设。

首先，我们需要明确自己是要做哪方面的内容，要给自己确立一个清楚的定位。比如个性签名要设计好，兴趣领域要明确，同时爱好和乐趣也要进行必要的展示。这都是增强人设形象的好方式。而要建立好的人设，就需要我们在细节上下足功夫。

（2）内容。

在内容上，我们要根据自己的人设进行创作。比如我们是旅游达人，就尽可能地创作旅行方面的内容。这样内容垂直，我们可以更好地打造人设，在同质类领域，更好地营销自己。

5.2 短视频的变现方式

无论是小红书还是短视频，都是分享社区。它们在变现方式上也存在某些相似之处。在这里，我们介绍 4 种变现方式。

1. 成为 Kol，自己接广告

这类广告方式和小红书接广告如出一辙。如果你是大 V，自然会有很多广告找上门来。抖音用户，有一半人在一二线城市，女性用户比例大，粉丝价值非常高。

2. 导流到其他平台

可以导流到微博、公众号或者个人微信，给自己的其他项目带来流量。比如你在抖音上拥有 10 万粉丝，假设导流 1 万粉丝到你的个人微信公众号里面。你可以通过建立社群来售卖产品，从而实现变现。

3. 推广产品

抖音带火了很多产品，比如小猪佩奇手表、俄罗斯冰激凌。如果自家产品有一些新奇点，也可以考虑通过抖音来推广。

4. 开今日头条小店

短视频平台是可以接入今日头条小店的。如果你拥有开店的资质，也可以在线上开设网店，进而将自己的产品集合在网店进行售卖。

大家可以看到，无论是小红书还是短视频平台，我们都可以通过多种方式进行变现，进而达到副业收入稳步增长，甚至赶超主业收入的完美状态。